मैनेजर नहीं,
Smart मैनेजर बनें

मैनेजर नहीं, Smart मैनेजर बनें

आर. गोपालकृष्णन

प्रस्तावना

अरुण मैरा

प्रभात प्रकाशन, दिल्ली

ISO 9001:2008 प्रकाशक

प्रकाशक • **प्रभात प्रकाशन**
4/19 आसफ अली रोड,
नई दिल्ली-110002

संस्करण • 2014
मूल्य • दो सौ पचास रुपए
अनुवाद व संपादन • प्रकाश बियानी
मुद्रक • भानु प्रिंटर्स, दिल्ली

MANAGER NAHIN, SMART MANAGER BANEN
(Hindi Translation of 'When The Penny Drops')
by R. Gopalakrishnan Rs. 250.00
Published by Prabhat Prakashan, 4/19 Asaf Ali Road, New Delhi-2
by arrangement with Penguin Books India (Pvt.) Ltd., New Delhi
e-mail: prabhatbooks@gmail.com ISBN 978-93-5048-053-3

दो शब्द

परामर्शदाताओं (Consultants) के बारे में एक चुटकुला मशहूर है कि वे अपने क्लाइंट को समय बताने के लिए क्लाइंट की ही घड़ी का इस्तेमाल करते हैं। हैरानी होती है कि आखिर क्लाइंट स्वयं अपनी घड़ी देखकर समय का पता क्यों नहीं लगा सकता?

जिस तरह दुनिया को समझने के लिए हमें एक 'अंतर्दृष्टि' चाहिए, वैसे ही स्वयं को समझने के लिए भी हमें 'अंतर्दृष्टि' की जरूरत होती है। दुनिया को समझने के लिए हम अच्छे अध्यापक और कुशल कंसल्टेंट की मदद लेते हैं, जबकि स्वयं को समझने के लिए आत्म-चिंतन या आत्मानुभूति जरूरी है। जो चीज हमारे भीतर ही है, उसके बारे में समझने के लिए हमें किसी की मदद की जरूरत ही क्या है?

अपना खुद का चेहरा देखने के लिए हमें एक दर्पण की जरूरत होती है। अच्छे गुरु और कुशल कंसल्टेंट हमारे सामने ऐसा दर्पण रखते हैं जिसमें हमारा चेहरा साफ दिखाई दे। यही 'क्लेमेंटाइन मिरर' की अवधारणा है जिसकी आर. गोपालकृष्णन ने अपनी पुस्तक 'ह्वेन द पेनी ड्रॉप्स' (When the Penny Drops) में व्याख्या की है। यह पुस्तक अपने भीतर झाँकने और आत्मचिंतन के लिए प्रेरित करने के उद्देश्य से लिखी गई है।

एक पुरानी फिल्म की कहानी है—एक छोटी सी लड़की आगे चलकर अपने समय की एक महान् फिल्मी तारिका बनती है। वह एक एजेंट को अपने स्वर की परीक्षा देती है। एजेंट को प्रभावित करने के लिए वह गाने और नृत्य के शानदार प्रदर्शन करती है। एजेंट उससे पूछता है कि यह सब उसने कहाँ से सीखा? लड़की बताती है कि वह अच्छे शो देखती है और खूब मेहनत से उनकी नकल करती है।

"मुझे यही लग रहा था" एजेंट ने कहा। उसके बाद वह उस लड़की से पूछता है—"तुम क्या बनना चाहती हो?"

"मैं एक स्टार बनना चाहती हूँ,"—लड़की जवाब देती है। "तो फिर अपने आप में झाँको, क्योंकि स्टार दूसरों की कुशलता या योग्यता से नहीं बनते।" एजेंट आगे कहता है "वे अपने आपमें खास होते हैं।" जैसे नेता बनाए नहीं जाते, बन जाते हैं। लेकिन लोग आसान रास्ता चाहते हैं। वे नेता के रूप में दिखने की बजाए नेता बनने के कुछ दो-चार गुर या होशियारियाँ सीख लेते हैं, ताकि नेता दिखे। इस तरह के टिप्स देने वाली दर्जनों बेस्ट सेलिंग पुस्तकें बाजार में उपलब्ध हैं। 'ह्वेन द पेनी ड्रॉप्स' उन पुस्तकों में से नहीं है।

अपने लेख 'बोर्गीज एंड आई' (Borges and I) में महान् लेखक जॉर्ज लुइस बोर्गीज (Jorge Luis Borges) आत्मचिंतन करते हुए हैरान होते हैं कि मैं कौन हूँ? वे कहते हैं—

'एक तो वह है जिसे बोर्गीज के नाम से लोग जानते हैं और उसी के साथ ही सब कुछ होता दिखाई देता है। बोर्गीज मेल से उसका नाम प्रोफेसरों की सूची या आत्मकथा शैली की किताबों में मैं भी देखता हूँ। मुझे ऑवरग्लासेज, नक्शे, अठारहवीं शताब्दी की मुद्रण कला, कॉफी और स्टीवेंसन सब अच्छे लगते हैं। उन्हें बोर्गीज भी पसंद करता है, पर सब बेकार है, क्योंकि वह एक अभिनय है।'

अपने संक्षिप्त लेख के अंत में बोर्गीज लिखते हैं—'मुझे नहीं मालूम कि यह पृष्ठ किसने लिखा है।'

इतने वर्षों में मैं बोर्गीज का यह लेख कई बार पढ़ चुका हूँ। इससे मुझे स्वयं के बारे में सोचने की प्रेरणा मिलती है। इसी तरह सोचें कि यह पृष्ठ कौन पढ़ रहा है, अरुण मैरा या मैं? आर. गोपालकृष्णन की यह पुस्तक आपको अपने बारे में इसी तरह सोचने के लिए प्रेरित करेगी कि मैं कौन हूँ और जो कुछ भी मैं कर रहा हूँ, वह क्यों कर रहा हूँ?

यह कोई ऐसी पुस्तक नहीं है जिसमें प्रसिद्ध और महान् लोगों की कहानी से आपको कुछ सीखने के लिए कहा जाए। इस पुस्तक में आम लोगों की कहानी है। इनमें असफल प्रबंधक भी शामिल हैं। इसमें ऐसी कहानियाँ हैं, जो लोगों को अपनी स्वयं की कहानी लग सकती हैं या कि वे इन कहानियों को अपने-आपसे जोड़कर देख सकते हैं।

इस पुस्तक को पढ़ते-पढ़ते मैं कई बार रुका हूँ, क्योंकि मुझे अपने स्वयं के

जीवन की घटनाएँ याद आने लगती थीं और मैं उनके बारे में सोचने लगता था। मैं जानता हूँ कि ऐसी पुस्तक लिखना कोई आसान काम नहीं है। जब मैंने अपनी पहली पुस्तक 'द एक्सेलरेटिंग ऑर्गेनाइजेशन: एंब्रेसिंग द ह्यूमन फेस ऑफ चेंज' लिखना शुरू की थी, तब प्रकाशक चाहते थे कि मैं कोई ऐसी पुस्तक लिखूँ जो प्रबंधकों के लिए उपयोगी हो। प्रबंधकों के लिए लिखी केन ब्लैंकार्ड (Ken Blanchard) की पुस्तक 'द वन मिनट मैनेजर' ने बिक्री के रिकॉर्ड तोड़ दिए हैं। प्रकाशक ने उसकी एक प्रति मुझे दी थी। वह चाहते थे कि मैं उसी शैली में अपने विचार प्रकट करूँ। यह काम इतना आसान नहीं था। हालाँकि मुझे लग रहा था कि मेरे पास कहने के लिए कुछ महत्त्वपूर्ण है। लर्निंग ऑर्गेनाइजेंशस पर लिखी पुस्तक 'द फिफ्थ डिसिप्लिन' के लेखक और अपने मित्र पीटर सेंग (Peter Senge) को अपनी पुस्तक की समीक्षा करने और उसके लिए आमुख लिखने को कहा। कुछ वर्षों पहले तक 'द फिफ्थ डिसिपिलन' सर्वाधिक बिकने वाली पुस्तकों में से थी। कई मैनेजरों की अलमारी में इसे देखा जा सकता था, यह बात अलग है कि उनमें से अधिकांश ऐसे थे जिन्होंने पुस्तक को एक बार भी नहीं पढ़ा था। पीटर सेंग स्वयं कहते हैं— मैनेजमेंट पर लिखी पुस्तकों में यह अब तक की सबसे कम पढ़ी जाने वाली बेस्ट सेलिंग पुस्तक है।

पीटर ने मेरी पांडुलिपि पढ़ी और पुस्तक को अच्छी बताते हुए उसमें प्रकट विचारों से अपनी सहमति प्रकट की। लेकिन आमुख लिखने में अपनी असमर्थता जताई। उनका कहना था कि आप आलसी मैनेजरों की आदत बिगाड़ रहे हैं। वे चलते-चलते थोड़ा-थोड़ा सीखना चाहते हैं। मैं इस प्रवृत्ति को बढ़ावा देने के पक्ष में नहीं हूँ।

वारेन बेनिस और मेरे मित्र व सहकर्मी रॉबर्ट थॉमस (इनकी पुस्तक के बारे में गोपालकृष्णन ने भी उल्लेख किया है) ने अपनी पुस्तक 'गीक्स एंड गीजर्स' में लिखा है कि नेता कई रूपों में पाए जाते हैं और उनके काम करने की शैली भी अलग-अलग है। नेता अपने कुछ खास गुणों के कारण पहचाने जाते हैं न कि उनकी आदतें उन्हें नेता बनाती हैं।

बेनिस और थॉमस का विश्लेषण उनके अपने जीवन की उन स्थितियों की ओर संकेत करता है जिन्होंने उन्हें नेता बनाया। उनका मानना है कि इस तरह की स्थितियाँ आम हैं। यह बात अलग है कि लोगों की प्रतिक्रिया अलग-अलग होती है। जो लोग अपने-आपको समय व परिस्थितियों के सामने असहाय पाते हैं, वे ही अपने

रूपांतरण की प्रक्रिया का अवलोकन व विश्लेषण करते हैं। वे ही अपने भीतर नेतृत्व गुण विकसित कर सकते हैं। ये लेखकद्वय इस प्रकार नेतृत्व के ढाँचे की अवधारणा का विकास करते हैं। यह ढाँचा उस पात्र की तरह है, जिसमें कोई निम्न कोटि की धातु भी रख देते तो वह रूपांतरण के बाद उच्चकोटि की बना देता है। यह ढाँचा सिर्फ बाह्य स्वरूप को नहीं, बल्कि व्यक्ति की आंतरिक प्रतिक्रिया को प्रदर्शित करता है।

पैसे का गिरना एक बाह्य घटना है। सुनने और सीखने की अक्षमता के कारण हम उसका गिरना सुन नहीं पाते, लेकिन जब मन और मस्तिष्क खुला हो तो पैसे का गिरना व्यक्ति में एक महत्त्वपूर्ण अंतर्दृष्टि जगा सकता है। जिस तरह की स्थितियों के बारे में गोपालकृष्णन हमें बताते हैं इनमें से कुछ ऐसी भी हो सकती हैं जो पाठक को ऐसी ही अंतर्दृष्टि दें।

इस पुस्तक को पढ़ने से एक और महत्त्वपूर्ण लाभ यह होगा कि पाठक सुनने व सीखने की अपनी अक्षमता को समझ पाएँगे। उनका मन-मस्तिष्क खुलेगा तथा वे जान पाएँगे कि वे कौन हैं?

—अरुण मैरा
सदस्य, योजना आयोग
भारत सरकार

आमुख

मेरे प्रबंधकीय कैरियर का 40वाँ वर्ष शुरू हुआ ही है। इस लंबी यात्रा के दौरान जो कुछ मैंने देखा, सीखा और अनुभव किया, उस पर चिंतन मनन करता हूँ तो पाता हूँ कि मेरे कई समकालीनों के अनुभव मेरे समान हैं। गुणवत्ता और समयावधि की दृष्टि से भी वे अपने अनुभव मेरे साथ साझा करते हैं।

जो कुछ हमने सीखा, उसकी विशेषता यह है कि उसे सीखना आसान नहीं है। इनमें कई ऐसे सबक हैं जो या तो व्यक्तिगत अनुभव से या फिर दूसरे लोगों की कहानी से सीखे जाते हैं। हम सभी को लगता है कि जब हम अपने अनुभव के बारे में किसी को बताते हैं तो वह व्यक्ति कहता है—'मेरा अनुभव भी ऐसा ही है।'

जब आप किसी और की कहानी से अपने भावों व अनुभवों को देखते हैं तो इससे आत्मचिंतन की प्रेरणा मिलती है।

अपने स्वयं के या किसी अन्य के अनुभव से प्रेरित आत्मचिंतन से सीखने में हमेशा मदद मिलती है। दरअसल, इससे सीखने का एक एजेंडा तैयार होता है। इस विषय के जाने-माने चिंतक रॉबर्ट थॉमस के अनुसार, आप अनुभवों से तब ही कुछ सीख सकते हैं जब आप तीन बातों से उन्हें जोड़ेंगे—[1]

1. महत्त्वाकांक्षा-आपकी व्यक्तिगत महत्त्वाकांक्षा या जिसे आप अपना आदर्श मानते हैं।
2. प्रेरणा-आपकी सबसे प्रभावी प्रेरणा या जिसे आप सबसे ज्यादा महत्त्वपूर्ण मानते हैं।
3. सीखने की प्रक्रिया-आपकी सीखने की शैली या किस प्रकार आप सीखते हैं।

---

1. क्रुसिबल्स ऑफ लीडरशिप, रॉबर्ट जे. थॉमस, हार्वर्ड बिजनेस प्रेस, 2008

ये तीन चीजें ऐसी हैं जिनका इस बात पर गहरा प्रभाव होता है कि आप क्या सीखते हैं और कहाँ से सीखते हैं।

सरल शब्दों में, आपके भीतर सीखने की ललक होनी चाहिए। 19वीं सदी के महान् भारतीय विद्वान् व संत स्वामी विवेकानंद की बातों से मुझे बहुत प्रेरणा मिलती है। उनका ऐसा ही एक कथन मैंने अपनी डेस्क पर लगा रखा है–

'अतीत को अतीत रहने दो। तुम्हारे सामने एक असीम भविष्य है, एक प्रेरणादायी उम्मीद है कि अच्छे विचारों और अच्छे कार्यों में हजारों सैकड़ों देवदूतों की शक्ति होती है जिनसे तुम पल-पल प्रेरणा ले सकते हो। उठो, जागो और लक्ष्य प्राप्ति तक मत रुको।'

अपने अनुभवों और अवलोकनों से मैंने कुछ कहानियाँ/ घटनाएँ संग्रहित की है। इनमें से प्रत्येक से मुझे कुछ-न-कुछ सीखने को मिला है। यह बात मैं ठीक-ठीक नहीं बता पाऊँगा कि किसी घटना या कहानी विशेष से क्या सबक सीखा, लेकिन इतना अवश्य कह सकता हूँ कि उस घटना से मैंने सीखा है। समय-समय पर मैं उन घटनाओं और उनसे मिली सीख अपने श्रोताओं को भी बताता हूँ।

मुझे टाटा मैनेजमेंट ट्रेनिंग सेंटर (TMTC) और उससे पहले गुलीटा स्थित हिंदुस्तान लीवर के ट्रेनिंग सेंटर तथा बिजनेस स्कूलों व मैनेजमेंट फोरमों में इस विषय पर बोलने का मुझे अवसर मिला है। इन अवसरों का लाभ उठाते हुए मैंने अपने व्यक्तिगत ज्ञान को साझा किया है।

ऑल इंडिया मैनेजमेंट एसोसिएशन ने सन् 2003 में एक श्रृंखला आरंभ की थी 'शेपिंग यंग माइंड्स प्रोग्राम' जिसमें जाने-माने व्यावसायिक लीडर मुख्य छात्रों को संबोधित करते थे। इस श्रृंखला के माध्यम से मुझे अन्य व्यावसायिक नेताओं और उनके विचारों के बारे में जानने को मिला। मैंने यह भी देखा कि किस प्रकार जिज्ञासु छात्र कहानियों को सुनते हैं और उससे सीख ग्रहण करते हैं। मुझे यह देखकर खुशी हुई कि युवा छात्र दूसरों के अनुभवों व कहानियों में अंतर्निहित सीख को महत्त्व दे रहे थे।

सन् 2006 में इकोनॉमिक टाइम्स में मैंने कई सप्ताह एक स्तंभ लिखा था– 'कैरियर ट्रैक'। इसे खूब सराहा गया। इससे मुझे आगे की सामग्री जुटाने में भी मदद मिली।

सन् 2008 में मैंने एक मैनेजमेंट स्कूल के अध्यापक से कहा कि वह

छात्रों को वे चीजें सिखाएँ जो क्लासरूम में सिखाई नहीं जा सकतीं या नहीं सिखाई जाती है। अब सोचता हूँ तो स्वयं भी हैरान हो जाता हूँ कोई संस्था ऐसा कैसे कर सकती है। हालाँकि यह सोच पूरी तरह से सामयिक व जरूरी है। नोयल टिकी (Noel Tichy) के इस कथन से मैं काफी प्रभावित हुआ था कि अनुभवी कार्यकारी प्रबंधकों को एक ऐसा दृष्टिकोण विकसित करना चाहिए जो सिखाने योग्य हो।[1]

इंडियन इंस्टीट्यूट ऑफ मैनेजमेंट, अहमदाबाद (IIMA) के प्राध्यापक प्रो. अंतनु घोष ने एक कार्यक्रम में मुझे सहयोग देने को कहा। सन् 2009 के पूर्वार्द्ध में आई.आई.एम., अहमदाबाद में मैंने वैकल्पिक विषय के रूप में एक कार्यक्रम शुरू किया—'लर्निंग व्हाट इज नॉट टॉट' (Learning What's Not Taught—LWNT)। यह छात्रों को काफी उपयोगी लगा। उसके बाद टी.एम.टी.सी. के सहयोग से मैंने कार्यक्रम के स्वरूप व उपयोगिता में लगातार सुधार किए हैं। संशोधित सामग्री का प्रयोग मैंने टी.एम.टी.सी. में इसी नाम से एक कार्यक्रम में पढ़ाने के लिए भी प्रयोग किया है।

इतना लंबा-चौड़ा विवरण देने के पीछे मेरा उद्देश्य आपको यह बताना है कि किस प्रकार मैंने एक माली की तरह इधर-उधर से सुंदर-सुंदर फूल चुने हैं। हालाँकि तब मैं यह सोचकर हैरान हो जाता था कि इन फूलों का आखिर मैं क्या करूँगा, लेकिन कोई अंतर्निहित प्रेरणा थी जो मेरा मार्गदर्शन कर रही थी। मैं सोचता था कि इन फूलों को गूँथकर कैसे मैं माला का रूप दे पाऊँगा।

टी.एम.टी.सी. में मैनेजमेंट रिसर्च कार्य के दौरान मुझे यह अवसर मिल गया। भारतीय संदर्भ में नेता कैसे सीखते हैं—इस विषय पर टी.एम.टी.सी. और सेंटर फॉर क्रिएटिव लीडरशिप (CCL) द्वारा शुरू किए गए शोध कार्य में मैं सहभागी था। मुझे एक फ्रेमवर्क (ढाँचा) मिला था। तीनों दुनिया का फ्रेमवर्क, जिसमें मैं अपने ज्ञान व अनुभव को व्यवस्थित कर सकता था।

यह पुस्तक चार खंडों में विभक्त है। पहले खंड में एक व्यक्ति के कैरियर की कहानी है। इस कहानी के माध्यम से ही फ्रेमवर्क की व्याख्या की गई है। आगे के तीन खंडों में मैनेजरों की तीनों दुनिया की झलक प्रस्तुत की गई हैं। ये हैं आंतरिक दुनिया, संबंधों की दुनिया और तीसरी वह दुनिया जिसमें उसके काम होते हैं।

---

1. द लीडरशिप इंजन, नोएल एम. टिची, हारपर बिजनेस, 1997

इनमें से प्रत्येक विषय व पहलू पर शिक्षकों व कंसल्टेंटों ने पुस्तकें लिखी हैं। इन लोगों ने अपने वर्षों के शोध या सांख्यिकीय विश्लेषणों को आधार बनाकर सामग्री तैयार की है। 'कैसे बेहतर किया जाए'—इस विषय पर नियम, अभ्यास व टिप्स भी दिए हैं।

मेरी पुस्तक उन पुस्तकों से अलग है, क्योंकि यह एक प्रैक्टिशनर (कार्यरत) द्वारा लिखी गई पुस्तक है। मैंने अपने विचारों व पाठों को पुरानी यूनिवर्सिटी में निखारा है; अत: मुझे विश्वास है कि उनका एक व्यावहारिक आधार होगा। आलोचक यह आलोचना कर सकते हैं कि आपकी पुस्तक में तुरंत काम करने वाले टिप्स या जुगाड़ नहीं हैं। इसमें मानवीय व्यवहार के एक व्यापक क्षेत्र का कलेवर रखा गया है और वह भी कहानी या घटना के रूप में। यह 'एक में अनेक पुस्तक' है पर मेरे पास इसका जवाब है।

वस्तुत: मैं एक ऐसी पुस्तक लिखना चाहता था, जिसकी कहानियों व घटनाओं को पढ़कर पाठक स्वयं उनसे अपने आपको जोड़कर देख सकें। पाठक अगर इसकी सामग्री पर मनन करे और उसे उसी दृष्टि से देखे, जिस दृष्टि से वह दुनिया देखता है तो उसे बहुत कुछ सीखने को मिलेगा, अन्यथा वह कुछ नहीं सीख पाएगा। आत्मचिंतन के माध्यम से सीखने की प्रेरणा देना ही मेरा लक्ष्य है।

पाठक इससे जो कुछ भी सीखेगा वह उसका अपना सबक होगा, क्योंकि दृष्टिकोण अपने अनुभव के अनुरूप ही आकार ग्रहण करता है। चूँकि दो अलग-अलग व्यक्तियों का नजरिया कभी एक जैसा नहीं हो सकता, अत: प्रत्येक पाठक का सबक भी अलग होगा, लेकिन हाँ, पाठक के दृष्टिकोण में विनम्रता होनी चाहिए, तभी वह कुछ सीख पाएगा।

इस पुस्तक की एक विशेषता यह भी है कि यह पूरी तरह से प्रयोगों पर आधारित है। एक-एक घटना अथवा कहानी वास्तविक जीवन से जुड़ी है, बस पात्रों के नाम बदले हुए हैं। ये घटनाएँ व कहानियाँ मेरे अपने या सहयोगियों के अनुभवों पर आधारित हैं। मुझे पूर्ण विश्वास है कि जो भी मैनेजर इस पुस्तक को पढ़ेगा वह उपयोगी पाएगा और अनुभव करेगा कि उसके अपने अनुभव भी तो ऐसे ही हैं, किंतु एक बात का ध्यान रखने की जरूरत है। इस तरह की घटनाएँ व कहानियाँ आम होती हैं। पाठक से अनुरोध है कि इन्हें पढ़कर वह अपने किसी परिचित दोस्त या रिश्तेदार को इनसे जोड़कर न देखे।

क्या अनुभव पुस्तक का स्थान ले सकता है? क्या इसे पढ़कर 35 वर्ष की

आयु के मैनेजर 50 वर्ष की आयु के मैनेजरों की तरह परिपक्व व्यवहार करने लगेंगे? बिलकुल नहीं। पुस्तक का यह उद्देश्य भी नहीं है।

हाँ, इतना जरूर हो सकता है कि यह पुस्तक युवा मैनेजरों की सीखने की दर या गति को थोड़ा बढ़ा दे। बस, इसी उद्देश्य के साथ मैं यह पुस्तक पाठकों को सौंप रहा हूँ। आशा है पुस्तक पाठकों को सरल लगेगी व उपयोगी सिद्ध होगी। उनके मन को छूती हुई उन्हें अपने सबक सीखने में मददगार होगी।

आभार

इस पुस्तक की सामग्री का संयोजन कई वर्षों की मेहनत का परिणाम है। पिछले 40 वर्षों में मुझे जिन सहकर्मियों व मैनेजरों के साथ जुड़ने का अवसर मिला, उनके प्रति मैं अपना आभार प्रकट करता हूँ। भले ही उनका इरादा मुझे कुछ सिखाने का न रहा हो, लेकिन यह सच है कि उनसे मैंने बहुत कुछ सीखा। उनके साथ जुड़ाव और कार्य-व्यवहार के बिना इस पुस्तक का सृजन संभव नहीं था।

अपने पुराने स्कूल के अध्यापक फादर एंटोनी के प्रति मैं विशेष रूप से आभारी हूँ जिन्होंने मुझे 'स्वीकृति' शब्द के मूल अर्थ से परिचित कराया। यह संस्कृत भाषा का शब्द है जिसका अर्थ हैअपने स्वयं की राय पर कायम रहते हुए अलग-अलग लोगों की राय को स्वीकार करते चलना।

मेरे परिवार के लोगों ने मेरी अनियमित दिनचर्या के साथ सामंजस्य स्थापित किया, इसके लिए मैं उनका आभारी हूँ। सुधा ने संपादकीय कार्य में पूर्ण समर्पण के साथ सहयोग प्रदान किया, जिसके लिए वे धन्यवाद की पात्र हैं।

टाटा समूह ने मुझे अपनी विभिन्न संस्थाओं से जुड़ी सामग्री इस्तेमाल करने की अनुमति दी। उसके लिए मैं समूह का आभारी हूँ। 'श्री फ्रेमवर्क्स' मॉडल के इस्तेमाल की अनुमति देने के लिए टाटा मैनेजमेंट ट्रेनिंग सेंटर का और प्रकाशित उद्धरणों के प्रयोग की अनुमति देने के लिए टाटा ग्रुप कॉरपोरेट अफेयर्स को विशेष धन्यवाद।

टाटा का इतिहास लिखने वाले जाने-माने लेखक आर.एम. लाला ने उपयोगी सामग्री का एक पुस्तकालय उपलब्ध कराया, जिसके लिए मैं उनका भी आभारी हूँ और कामना करता हूँ कि उनके प्रयास इसी तरह जारी रहेंगे।

वर्षों से अपने सहकर्मियों के साथ नेतृत्व विकास पर मैंने जो चर्चाएँ कीं, वे भी उपयोगी सिद्ध हुईं। उनमें से कुछ के नाम हैं—हिंदुस्तान लीवर के अशोक गांगुली, विपिन शाह, भाऊ फंसालकर, जगदीश चोपड़ा, तरुण सेठ और राजशेखरन नायर और टाटा के जमशेद ईरानी, बी. मुथुरमन, इशात हुसैन, एस. रामदुराई, किशोर चौकर, प्रसाद मेनन, सतीश प्रधान, पैडी पद्मनाभन और होमी खुसरोखान।

मैं अपने माता-पिता का आभारी हूँ, जिनसे मुझे जटिल मानवीय संबंधों के विषय पर मौलिक सबक सीखने को मिले। माता-पिता ने पौराणिक व लोक कथाओं के माध्यम से जीवन के आवश्यक सबक मुझे सिखाए। ऐसे ही एक कथ्य का उल्लेख में यहाँ करना चाहता हूँ।

तमिल भाषा में 'अव्वई' का अर्थ होता है वृद्ध महिला या दादी। नौवीं शताब्दी की एक विद्वान् तमिल कवयित्री का नाम था 'अव्वइयर'। विभिन्न राज्यों और राजदरबारों में जा-जाकर वह कहानियों के माध्यम से अच्छे विचार फैलाया करती थीं। एक दिन वह एक वृक्ष के नीचे बैठी थीं। वृक्ष के ऊपर एक छोटा सा लड़का बैठा हुआ था। उसने अव्वइयर से पूछा कि क्या वह फल खाना चाहती हैं। जब अव्वइयर ने 'हाँ' कहा तो लड़के ने फिर पूछा—'कच्चे फल या भुने हुए'? अव्वइयर हैरान थीं, वह सोच में पड़ गईं कि क्या वृक्ष पर भुने हुए फल भी होते हैं?

लड़के ने पेड़ की डाल पकड़कर हिलाई और कुछ फल नीचे गिरे। अव्वइयर ने झपटकर फल उठाया, ताकि उसमें मिट्टी न लग जाए। लड़का हैरान था—यह सोचकर कि अव्वइयर जैसी बुद्धिमान महिला कच्चे फल पर झपट रही हैं। अव्वइयर की समझ में बात आ गई। लड़के के प्रश्न का अर्थ कुछ और था और वह उसका अर्थ कुछ और लगा बैठी थीं। किसी प्रश्न या सुझाव को अच्छी तरह समझने के लिए आपको विनम्र बनना पड़ता है।

इस बोधकथा से जो निष्कर्ष निकाला गया, वह एक प्रसिद्ध उद्धरण बन गया—'जो कुछ हम जानते हैं वह मात्र मुट्ठी भर, यानी थोड़ा सा है; और जो हम नहीं जानते, वह पूरा-का-पूरा ब्रह्मांड है।' इस सत्य को हर कोई 'जानता' है, लेकिन इस पर अमल करने वाले लोग कम ही हैं। यानी कम ही लोग सत्य के प्रति 'सतर्क' हैं जबकि जागरूकता से जिज्ञासा बढ़ती है।

यह पुस्तक उसी मानवीय इच्छा को समर्पित है, जो व्यक्ति को जागरूक बनाकर सरल व विनम्र बनने के लिए प्रेरित करती है।

अनुक्रम

खंड-IV : लोगों से काम लेने की दुनिया

खंड–I

एक ढाँचा

1

राम का अनूठा कैरियर

''आप किसी को कुछ सिखा नहीं सकते; ज्ञान को अपने भीतर खोज निकालने में आप उसकी मदद भर कर सकते हैं।''

—**गैलीलियो**

राम का कैरियर रोलर कोस्टर की सवारी जैसा रहा। यह कहानी उनके कैरियर पर ही आधारित है। इस कहानी में ढेर सारी व्यावहारिक सीख निहित हैं।

राम का जन्म सन् 1912 में हुआ था। साठ वर्ष की उम्र में वह एक बहुराष्ट्रीय कंपनी से 'चीफ परचेजिंग ऑफीसर' के पद से सेवानिवृत्त हुए थे। उनके मन में यह संतोष था कि उनका कैरियर संतोषजनक रहा, हालाँकि इसमें समय-समय पर काफी उतार-चढ़ाव आए। हर इतवार को उनका एक बेटा उनसे मिलने के लिए आता था और दोनों बैठकर परिवार के बारे में बातचीत करते थे।

एक इतवार की बात है, राम का सबसे बड़ा बेटा उनसे मिलने के लिए आया। राम उस समय लेटे हुए थे। उनका चेहरा शांत और प्रसन्नचित्त था, लेकिन वे थोड़े थके हुए थे। उन्होंने अपने बेटे से पास में रखी हुई दवाई पकड़ाने को कहा, लेकिन बेटा दवाई उन्हें पकड़ाता, इससे पहले ही वह चल बसे। बेटा यह सबकुछ देखकर हक्का-बक्का रह गया। वह विधि के इस अपरिहार्य खेल से आहत था। इतवार 18 जून, 1989 को 77 वर्ष की आयु में राम का निधन हुआ।

परिवार में उनकी पत्नी और 18 बेटे-बेटियाँ व पोते-पोतियाँ थे। दाह-संस्कार

के समय परिवार के सारे सदस्य पहुँच गए। इतने बड़े और खुशहाल परिवार के एक-एक सदस्य ने राम को भावभीनी-श्रद्धांजलि देकर उन्हें अंतिम विदाई दी। मित्र और रिश्तेदार सब यही कह रहे थे कि राम का जीवन और कैरियर अपने आप में पूर्ण और खुशहाल रहा। उनके प्राण पखेरू हो गए और उन्हें पीड़ा का अहसास तक न हुआ।

लेकिन राम के कैरियर में ऐसी कौन सी खास बात थी?

उनकी कहानी किसी आम आदमी की कहानी से कोई अलग नहीं है, एक ऐसे लड़के की कहानी, जिसने छोटे से कस्बे से निकलकर शहर में अपना कैरियर बनाया। ऐसी बात नहीं है कि वह कोई ऐसे जाने-माने व्यक्ति थे, जिन्हें सरकार ने ढेर सारे अलंकरण दिए हों या जिनके नाम पर सड़कों या इमारतों के नाम रखे गए हों। जबकि यह सच है कि आज के मापदंड के अनुसार शानदार कैरियर की पहचान तो यह सब ही है!

लेकिन जिस तरह से प्रत्येक व्यक्ति अपने आप में खास और अलग होता है, क्या इसी तरह हर कैरियर अपने-आप में खास और अलग नहीं होता? हर अनुभव व्यक्ति को कई खास सबक सिखाता है। ये सबक उस व्यक्ति के जीवन के साथ जुड़ जाते हैं और एक तरह से उसके अपने सबक बन जाते हैं। इस नजरिए से देखें तो हर कैरियर अपने आप में खास होता है।

राम की कैरियर यात्रा को अगर कोई अपने दृष्टिकोण से देखे और यह समझने की कोशिश करे कि किस प्रकार उनके अपने अनुभवों ने उनके कैरियर को ढाला, तो उनका कैरियर अनोखा ही लगेगा। इतने सारे मोड़ और उतार-चढ़ाव, आश्चर्य में डालने वाली घटनाएँ, महत्त्वाकांक्षाएँ, आशाएँ और निराशाएँ। इसी तरह, इतनी सारी सफलताएँ व असफलताएँ, अच्छा व बुरा समय।

तो ऐसी थी राम की कैरियर यात्रा जो 77 वर्ष के उनके जीवन के तीन-चौथाई मनोवैज्ञानिक समय और लगभग आधे से ज्यादा भौतिक समय को अपने आप में समेटे हुए।

मुश्किलों पर विजय

राम का जन्म दक्षिण के एक सुदूर गाँव में एक साधारण परिवार में हुआ था। गाँव का जीवन वैसा ही था, जैसे 18वीं शताब्दी के आरंभ में अधिकांश भारतीय गाँवों में हुआ करता था। न बिजली, न पानी, स्कूल जाने के लिए पाँच किमी. की

दूरी पैदल तय करना। घर में बड़े-बूढ़ों द्वारा पौराणिक व लोक कथाएँ सुनाना और संयुक्त परिवार जिसमें सभी सदस्य एक-दूसरे का खयाल रखते थे।

बचपन में ही राम पोलियोग्रस्त हो गए। उन दिनों उन्नत चिकित्सा सुविधाओं का अभाव था। घर में बड़े-बूढ़ों के पास कुछ देशी उपचार था। गाँव की औरतों ने कुछ जड़ी-बूटियों का तेल बताया, जो बच्चों के पोलियोग्रस्त दाहिने पैर पर मालिश किया जाता था। उसके बाद उसे काफी दूर तक पैदल चलना होता था, ताकि पैर में रक्त संचार हो। अगर इससे बीमारी ठीक हो गई तो अच्छी बात अन्यथा सबकुछ किस्मत के ऊपर।

यही एकमात्र उपचार था और हर किसी को लगता था कि बच्चे की टाँग ठीक हो जाएगी। हुआ भी यही। बारह वर्ष की उम्र में पहुँचते-पहुँचते राम का लँगड़ाकर चलना बंद हो गया और अब वह फिर से स्कूल जाने के लायक हो गए।

आज के शहरी सुख-सुविधाओं के हिसाब से देखा जाए तो राम की स्कूली पढ़ाई बहुत मुश्किल भरी रही। स्कूल पहुँचने के लिए उन्हें लंबी दूरी पैदल तय करनी पड़ती थी। इसके अलावा कोई और विकल्प भी नहीं था। हालाँकि इससे उनके पैरों का व्यायाम भी हो जाता था, जिससे पोलियो से मुक्त होने में मदद मिलती थी। (बॉक्स 1.1 देखिए।)

बॉक्स 1.1 : पहला सबक

स्कूलों में टीचिंग एड्स (शिक्षण में सहायक सुविधाएँ या उपकरण) पुराने थे। गाँव के बच्चे जबानी सुनकर पाठ याद करते थे। चार हजार वर्ष पूर्व वेदों की शिक्षा भी तो जबानी ही पीढ़ी-दर-पीढ़ी आगे बढ़ी थी। राम ने पेंसिल से कागज पर लिखना नहीं सीखा, बल्कि लकड़ी की छोटी-छोटी डंडियों या उँगलियों की सहायता से जमीन पर अक्षर लिख-लिखकर उन्होंने लिखना सीखा। बाद में स्लेट और खड़िया मिट्टी मिल गई। उन दिनों गाँव में एबाकस (गिनती सीखने के लिए प्रयुक्त एक उपकरण) नहीं हुआ करता था, इसलिए समुद्री सीप की सहायता से गिनती आदि सिखाई जाती थी। पहाड़े जबानी सिखाए जाते थे। बचपन में ही जब अंकगणित अच्छी तरह मन में बैठ जाता था तो गिनती और पहाड़े आदि जीवन भर काम आते थे।

वर्षों पहले जब राम कोलकाता में एक विदेशी कंपनी में काम करते थे, तो तमिल भाषा में गिनतियाँ बुदबुदाते हुए वह बड़ी तेजी से हिसाब-किताब लगा

लेते थे। वह कहते भी थे, जोड़ और गुणा के सवाल मैं फटाफट हल कर लेता था, जबकि मेरे अंग्रेज बॉस उसी में परेशान रहते थे। ये बातें वह कुछ इस तरह बताया करते थे, जैसे विदेशियों के सामने अपने-आपको स्मार्ट दिखाने के लिए कोई करता हो, जबकि वास्तव में इसे सिद्ध करने के लिए कोई तथ्य नहीं था।

पोलियो से मुक्त होने के लिए राम कुछ भी करने को तैयार थे। इस प्रकार उनके स्वभाव में जुझारूपन आया, जो अंत समय तक उनके साथ बना रहा। इसी से वह जीवन की हर मुश्किल पर विजय पाने में सक्षम रहे। युवावस्था में राम नॉर्मन विंसेंट पेले की संस्था 'द पावर ऑफ पॉजिटिव थिंकिंग' के समर्थक और प्रमोटर थे, जिसके बीज संभवत: बचपन में ही उनके मन में पड़ गए थे। वह चीजों को ज्यों की त्यों स्वीकार करने को तैयार नहीं थे, वह बदलाव पसंद करते थे।

अवसरों का लाभ उठाया

मुश्किलों पर विजय पाना राम के कैरियर का एक हिस्सा रहा, जबकि कैरियर का दूसरा हिस्सा रहा, अवसरों का लाभ उठाना। राम को लग रहा था कि उनके पिता ने बहुत सोच-समझकर उनके लिए कैरियर का चुनाव किया है। वह एक पैर से कमजोर थे, इसलिए पिता ने निश्चय किया कि वह गाँव में रहकर धान का फॉर्म सँभालेंगे। दूसरे यदि भाई-भतीजे, जो शरीर से सक्षम थे, वे किसी बड़े शहर में जाकर अपना कैरियर बना सकते थे। राम को यह बात अच्छी नहीं लगी। वह अपने पिता के फैसले को बदलने के लिए कुछ करना चाहते थे।

राम स्वभाव से मिलनसार और बातूनी थे और यह जीवन भर उनके स्वभाव का हिस्सा बना रहा। जिसका कई बार उन्हें फायदा मिला तो कभी-कभी नुकसान भी हुआ। छोटे से ग्रामीण समुदाय में मिलनसार और बातूनी व्यक्ति अकसर लोगों की नजर में रहता है।

सन् 1930 में गाँव की वृद्ध और विधवा महिलाओं की एक टोली पवित्र स्थलों की तीर्थयात्रा पर जाने की योजना बना रही थी। वे राम के पास पहुँचीं और उनसे रेलयात्रा में साथ चलने का आग्रह करने लगीं। उन दिनों रेल यात्रा कठिनाइयों से भरी होती थी। (बॉक्स 1.2 देखें) जब राम ने अपनी योजना उनके सामने रखी तो वे बहुत प्रभावित हुईं। महिलाओं को शायद उनका मिलनसार स्वभाव और हाजिरजवाबी अच्छी लगी। उन्होंने कहा कि यात्रा के दौरान मैं अपनी सारी जिम्मेदारियाँ

निभाऊँगा, लेकिन साथ ही उन्होंने दो शर्तें भी रखीं–पहली, महिलाओं को उनका तृतीय श्रेणी का किराया और रास्ते का खर्च वहन करना होगा; दूसरे वह कोलकाता में उतर जाएँगे। बीच में उतर जाने की शर्त पर महिलाएँ खुश तो नहीं थीं, लेकिन वे तैयार हो गईं।

बॉक्स 1.2 : रास्ते पर

तीर्थयात्रा का धार्मिक महत्त्व तो था ही, साथ ही इससे गाँव की व्यस्त विधवा महिलाओं को रोज की उबाऊ दिनचर्या से बाहर निकलने का मौका भी मिला था। वे छुट्टियाँ मनाने के लिए किसी हिल स्टेशन पर तो नहीं जा सकती थीं, लेकिन बद्रीनाथ या बनारस की यात्रा सामाजिक दृष्टि से भी स्वीकार्य थी।

उन दिनों रेलयात्रा बहुत मुश्किल भरी थी। भारत के प्रमुख पवित्र स्थलों की यात्रा पूरी करने में दो–दो महीने लग जाते थे। महिलाएँ अपना खाने–पीने का सामान साथ लेकर चल सकती थीं, लेकिन साथ में कोई लड़का ले जाने का मतलब था, हर स्टेशन पर उनकी माँग पूरी करने के लिए तैयार सहायक।

अब राम को अपने पिता को मनाने की जरूरत थी, जो बहुत कड़े स्वभाव के थे। वह निर्णय के भी बहुत पक्के थे। उन्हें कैसे मनाया जाए? जब तक वह नहीं चाहते, तब तक राम के गाँव से बाहर जाने का सवाल ही नहीं उठता था। राम ने एक रणनीति बनाई।

राम ने अपने चाचा की मदद ली, जो परिवार के मुखिया थे। चाचाजी ने अपने भतीजे के सपनों और विचारों को ध्यान से सुना और उससे काफी प्रभावित हुए, उन्होंने राम को 100 रुपए दिए जो उन दिनों एक अच्छी खासी रकम थी; साथ ही यह सलाह भी दी कि अगर कोलकाता में वह सफल हो जाए तो अपने दूसरे भाइयों के लिए भी कुछ करे। चाचाजी ने ही राम को कोलकाता भेजने के लिए उनके पिता को तैयार किया।

इस प्रकार सन् 1931 में दशहरा उत्सव के दौरान राम कोलकाता पहुँच गए और अपने दूसरे भाइयों के साथ रहने लगे।

नियमों का उल्लंघन

राम ने स्टेनोग्राफर बनने का निश्चय किया। उन दिनों कोलकाता के व्यावसायिक

दफ्तरों में स्टेनोग्राफरों की खूब माँग थी। राम के कई परिचित पहले से ही स्टेनोग्राफी सीख रहे थे। राम ने भी उनके साथ स्टेनोग्राफी सीख ली।

कोलकाता में शुरुआती कुछ साल बहुत मुश्किल भरे रहे। नया कौशल सीखने के साथ-साथ राम को नए शहर के रहन-सहन के अनुसार अपने-आपको ढालना था। वह तमिल बोलते थे, जबकि शहर में ज्यादातर लोग बंगाली बोलते थे। कुछ लोग हिंदी भी बोलते थे। ये दोनों ही भाषाएँ राम के लिए नई थीं। इसलिए वह अंग्रेजी में बातचीत करते थे। कई वर्षों बाद वह थोड़ी-बहुत हिंदी और बंगाली बोलने तो लगे, लेकिन उसमें तमिल का पुट होता था। नए शहर का खान-पान और पहनावा तथा कार्य-परिवेश सबकुछ नया था, राम को इन सबके साथ सामंजस्य बैठाना था। धीरे-धीरे उन्होंने अपने-आपको ढाल लिया।

स्टेनोग्राफी सीख लेने के बाद एक दफ्तर में 40 रुपए मासिक वेतन पर नौकरी करने लगे। इस प्रकार अब वह किसी पर आश्रित न रहकर परिवार के लिए एक सहारा बन गए। जैसा वह स्वयं बताते हैं, इससे उनका आत्म-सम्मान व आत्मविश्वास भी बढ़ा।

अब उन्होंने एक और क्रांतिकारी फैसला किया । परंपरा के अनुसार वह सिर पर लंबी चोटी रखते थे, जिसे कटवाकर अब उन्होंने नया हेयरस्टाइल अपना लिया। यह फैसला उन दिनों की ग्रामीण परंपरा के बिलकुल खिलाफ था। गाँव में उनके माता-पिता और रिश्तेदारों को लगा कि राम अब धीरे-धीरे बिगड़ने लगा है। जबकि दूसरे लोगों को लग रहा था कि लड़के का व्यक्तित्व बदल रहा है।

राम जैसे मिलनसार और बातूनी लड़के के लिए कई-कई घंटे तक लगातार दफ्तर में बैठकर काम करना उबाऊ था। कुछ वर्ष तक काम करने के बाद राम ने एक और बड़ा फैसला किया, नौकरी छोड़ने का। यह उन दिनों की बात है जब मध्यमवर्गीय परिवारों के लड़के नौकरी नहीं छोड़ा करते थे। उन्होंने करेरास (Carreras) नामक एक तंबाकू कंपनी के सेल्स ऑर्गेनाइजेशन में नौकरी कर ली, जिसे आजकल इंपीरियल टुबको कंपनी (ITC) के नाम से जाना जाता है।

राम को अब उड़ीसा और आंध्र प्रदेश में सिगरेट बेचना था। एक जमी-जमाई नौकरी छोड़कर नई नौकरी में लगने का फैसला भी परिवारवालों को यही संकेत दे रहा था कि लड़का जोखिम भरे रास्ते पर निकल पड़ा है। एक ब्राह्मण का लड़का सिगरेट बेचे! छि:··· अब तो लोगों को राम की साँसों से भी गंध आने लगी थी।

सिगरेट बेचने के इस काम में राम का आत्मविश्वास और भी बढ़ा। उन्हें

अलग-अलग तरह के लोगों-डिस्ट्रीब्यूटर, रिटेलर, प्रतिस्पर्धी कंपनियों के सेल्समैन, कंपनियों के मैनेजर आदि से मिलने और बात करने का मौका मिला। नए होने से शुरू में उन्हें कुछ काम स्वयं करने पड़ते थे, लेकिन कुछ अन्य कामों के लिए वह डिस्ट्रीब्यूटर, क्लीयरिंग एजेंट या सहकर्मी आदि पर निर्भर थे। अब धीरे-धीरे वह समझने लगे कि दूसरों से काम करवाना किसी मैनेजर के काम का मुख्य हिस्सा होता है।

राम को इस दौरान खूब घूमने-फिरने का मौका मिला। उनका सामना नए-नए विश्वासों और रीति-रिवाजों से हुआ, जो उनके अपने गाँव के रीति-रिवाजों और विश्वासों से बिलकुल अलग थे। उन्हें व्यावसायिक लेनदेन के मामलों पर बातचीत करनी होती थी, जैसे-ऑर्डर, पेमेंट, लॉजिस्टिक और मार्केडाइजिंग के मामले और इनसे संबंधित व्यावसायिक दौरों के दौरान उन्हें अपने अधिकारियों को निकट से देखने का मौका मिला, जिससे वह उनकी कमजोरियों और असली चरित्र को समझ सके। इस तरह के फील्ड वर्क और व्यावसायिक यात्राओं में अनिश्चितता और असुरक्षा तो थी, लेकिन कोलकाता स्थित दफ्तर के आरामदायक काम को राम ने प्राथमिकता नहीं दी।

कुछ वर्ष तक काम करने के बाद राम को लगने लगा कि अब वापस कोलकाता चलना चाहिए। फैंसी हेयर स्टाइल और एक सफल सेल्समैन की आत्मविश्वास से भरी चाल-ढाल में वह कुछ अलग करने के लिए वापस कोलकाता आ गए। लेकिन अभी तक वह निश्चय नहीं कर पाए थे कि क्या करना है।

कैरियर अकसर अनियोजित और अनिश्चित तरीके से बदलता है। वयस्क होने पर आप सोचने लगते हैं कि मैं अपना कैरियर ऐसे नियोजित करूँगा, वैसे नियोजित करूँगा, लेकिन बाह्य प्रभाव धीरे-धीरे आपके सोच व हालात बदलने लगते हैं और कैरियर का रास्ता अनियोजित ढंग से बदल जाता है। इसके परिणाम का पता आपको बहुत बाद में लगता है (अध्याय 7 में दवे की कहानी पढ़ें)।

राम की मुलाकात एक पुराने मित्र से हुई जिसने उन्हें जी.डी.ए. (GDA) बनने की सलाह दी। उसने बताया कि इससे उन्हें पैसा कमाने का मौका मिलेगा। ये जी.डी.ए. क्या है? -राम ने पूछा। जानकारी पाकर राम ने गवर्नमेंट डिप्लोमा इन अकाउंटेंसी (GDA) में प्रवेश ले लिया, जो आजकल की इंडियन चार्टर्ड अकाउंटेंसी की समकक्ष योग्यता थी। इस एक मुलाकात ने राम के कैरियर का रास्ता ही बदल गया। उसी दौरान एक विदेशी कंपनी ने अपने अकाउंट्स विभाग में एक पद की

नियुक्ति के लिए विज्ञापन दिया। राम ने आवेदन भेजा।

राम की हाजिरजवाबी एवं गणना कौशल से उनके विदेशी बॉस बहुत प्रभावित हुए। कंपनी में बहुत तेजी से तरक्की हुई। वह कोलकाता में क्लबों के सदस्य बन गए। अब वह व्यवसायी समाज की पार्टियों में बैठकर ड्रिंक आदि का आनंद ले सकते थे। एक मध्यमवर्गीय राम अब कोलकाता के उच्च वर्ग का हिस्सा बन गए।

संवेदना व सहानुभूति की समझ

अक्षम और कम सक्षम लोगों के प्रति राम के मन में संवेदना और सहानुभूति थी। वह ऐसे लोगों की समस्याओं का यथासंभव समाधान निकालते थे। बचपन में उन्होंने शारीरिक अक्षमता को झेला था, इसीलिए शायद उनके मन में ऐसे लोगों के लिए दया व सहानुभूति की भावना पैदा हो गई थी। सन् 1943 में बंगाल में पड़े भीषण अकाल के समय उनकी यह भावना साकार हो उठी थी।

द्वितीय विश्वयुद्ध जारी था, भारतीय सेना मित्र राष्ट्रों की ओर से युद्ध कर रही थी। बंगाल में लोगों की सोच थी कि ब्रिटिश सरकार ने खाद्य सामग्री का वितरण ठीक से नहीं किया, क्योंकि शेष भारत में अकाल का प्रभाव नहीं था। बंगाल में अकाल से मरने वालों की संख्या 4 लाख से 12 लाख के बीच थी।

राम ने दक्षिणी कोलकाता में जहाँ वह रहते थे, गरीबों के लिए एक रसोई बना रखी थी। इसके लिए उन्होंने स्वयं भी पैसा लगाया और दूसरों से चंदा भी इकट्ठा किया। अकाल पीड़ित लोगों को वह स्वयं खाना पकाकर खिलाते थे। इस काम से उन्हें बहुत संतोष मिलता था। वर्षों बाद जब राम का देहांत हो गया, तब एक पर्यवेक्षक ने उनकी नि:स्वार्थ सेवा के बारे में उनके परिवारवालों को बताया।

राम ने अपने जरूरतमंद रिश्तेदारों की मदद भी की। वह अपने ताऊजी के आभारी थे, क्योंकि उन्होंने ही राम को गाँव छोड़ने के लिए प्रोत्साहित किया था और 100 रुपए भी दिए थे। पैसे देकर ताऊजी ने कहा था—'मैं भगवान् से प्रार्थना करता हूँ कि अपने कैरियर में तुम इसका कई गुना कमाओ।' अपनी कमाई में से कुछ हिस्सा अपने जरूरतमंद रिश्तेदारों की मदद के लिए खर्च करने की राम ने अपने ताऊजी की सलाह को गंभीरता से लिया। इसके बारे में वह अकसर बताते भी थे। यह भी बताते थे कि किस प्रकार हिचकिचाते हुए उन्होंने अपने भतीजों को पढ़ाने और कुछ भतीजियों की शादी के खर्च की जिम्मेदारी ली थी। अपने भाइयों ही नहीं, उन्होंने हमेशा जरूतमंद रिश्तेदारों की भी मदद की।

सन् 1947 में जब भारत आजाद हुआ उस समय राम को कुछ समय की छुट्टी मिल गई। कई विदेशियों को देश छोड़कर जाना पड़ा। अब कंपनियों में उच्च स्तर की नौकरियाँ भारतीयों के लिए उपलब्ध हो रही थीं। राम ने एक विदेशी बीमा कंपनी में नौकरी कर ली, जहाँ उन्होंनें खूब प्रतिष्ठा बनाई। परिणामस्वरूप, उन्हें चीफ अकाउंटेंट और कंपनी सेक्रेटरी का पद मिल गया। उनका मासिक वेतन 1,500 रुपए हो गया, जो सन् 1950 के दशक में अच्छी-खासी रकम थी। सचमुच वह आगे बढ़ चुके थे।

सफलता और बोन्साई ट्रेप्स

यह एक सच्चाई है कि जब आप कामयाबी हासिल कर लेते हैं तो आपके भीतर कमजोरियों के बीज भी अंकुरित होने लगते हैं। आपकी सकारात्मक विशेषताएँ ही धीरे-धीरे कमजोरियों में बदलने लगती हैं। जब कोई सकारात्मक विशेषताएँ नकारात्मक रूप लेकर कमजोरी बन जाती हैं तब वे व्यक्ति को पूरी तरह से जकड़ लेती हैं। मैं इसे *बोंसाई ट्रेप कहता हूँ।

व्यक्ति समझ ही नहीं पाता कि कब उसकी विशेषता कमजोरी बदल गई है। इससे कई समस्याएँ उत्पन्न होती हैं, इस दुविधा व समस्या को समाप्त करना जरूरी है।

बीमा कंपनी में राम तीन सर्वोच्च पदों में से एक पर तैनात थे। दो अन्य पदों पर दो अन्य भारतीय कार्यरत थे। इन लोगों ने उच्च शिक्षा इंग्लैंड में प्राप्त की थी। यूरोपीय मालिकों के अनुसार वे पूरी तरह योग्य थे। राम अपने आपको उन दोनों से कम नहीं मानते थे, जबकि दूसरे लोग ऐसा नहीं सोचते थे। यह राम के लिए चिंता का विषय था।

राम को लगता था कि वह समस्या में हैं। 1950 के दशक के मध्य तक उन्होंने खूब काम किया था। परंतु उन्हें लगता था कि कंपनी प्रबंधन से उन्हें वह सब नहीं मिल रहा है, जिसके वे हकदार हैं। बात चाहे वेतन की हो, चाहे मान-प्रतिष्ठा की, उनके साथ भेदभावपूर्ण व्यवहार किया जा रहा है।

---

* (Bonsai यानी वामन वृक्ष। ऐसा वृक्ष जो खुले में जन्म लेता तो उसका आकार व उम्र बड़ी होती। खूब फल-फूल आते। ऐसे वृक्ष को जब हम गमले में कैद करते हैं तो अपने प्रयासों से जीवित रख लेते हैं, पर हम उस वृक्ष की संभावनाओं को सीमित कर देते हैं, समाप्त कर देते हैं।)

मैनेजमेंट कैरियर में इस तरह की समस्या आम है। लगता है कि वह सब नहीं मिल रहा है, जिसके हम हकदार हैं। ऐसे लोग जब इस समस्या को दूर करने की कोशिश करते हैं तो ऐसी कोशिश आश्चर्यजनक ढंग से आत्मघाती साबित होती है। इस तरह की समस्या का सामना हर मैनेजर को अपने कैरियर में कभी-न-कभी करना ही पड़ता है।

राम ने अपने मन की बात अपने कुछ निकट मित्रों से बताई। अपनी पत्नी से भी उन्होंने इस संबंध में बात की, जिनका सामान्य ज्ञान काफी अच्छा था। पत्नी ने उन्हें रिश्तों में उथल-पुथल पैदा करने की बजाय धैर्यपूर्वक काम करते रहने की सलाह दी। दरअसल, राम पर छह-छह बच्चों को पालने की जिम्मेदारी थी। ऐसे में कोई जोखिम नहीं उठाया जा सकता था। मित्रों ने भी यही सलाह दी, लेकिन राम परेशान रहते थे।

वे सोचने लगे कि मैं अभी 40-45 वर्ष का हूँ, इसलिए यहाँ अन्याय सहने की बजाए मुझे बेहतर विकल्प की तलाश करनी चाहिए। कार्यक्षेत्र में हमेशा कुछ-न-कुछ सवाल करने की उनकी आदत को नकारात्मक रूप में देखा जाता था। जिस खुलेपन और मिलनसार स्वभाव को अब तक उनके व्यक्तित्व के सकारात्मक पहलू के रूप में देखा जाता था, वही अब उनके लिए नकारात्मक बन गया था।

उन्होंने यह सोचकर नौकरी से त्यागपत्र दे दिया कि उनके पास इससे अच्छी नौकरियों की कमी नहीं है। पहले तो उन्हें अपना यह निर्णय उपयुक्त लगा, लेकिन बाद में अनेक मुश्किलें पैदा हो गईं।

चार साल तक कोई पूर्णकालिक नौकरी नहीं मिली। नौकरी देने वाले यही सोचते थे कि राम स्नातक भी नहीं है। राम ने ऐसा कभी नहीं सोचा था कि 20 वर्षों के अनुभव के बावजूद स्नातक न होने के कारण उन्हें अच्छी नौकरी नहीं मिलेगी। बीमा कंपनी में डिग्री की कमी उनके कैरियर का रास्ता नहीं रोक पाई थी। वहाँ उन्होंने बिलकुल निचले स्तर से शुरुआत की थी और इतनी ऊँचाई तक पहुँचे थे। नौकरी के प्रस्ताव तो थे, लेकिन कहीं वेतन कम था तो कहीं पद उपयुक्त नहीं था, तो कहीं आने-जाने की असुविधा थी। परिवार बड़ा होने के कारण खर्च ज्यादा था और कमाई का कोई और जरिया नहीं था, इसलिए अब जमा पूँजी खर्च करनी पड़ रही थी। राम स्वयं उच्च शिक्षा ग्रहण नहीं कर पाए थे, लेकिन वह अपने बच्चों को उच्च शिक्षा से वंचित नहीं कर सकते थे। छोटे-मोटे घरेलू खर्चों और अनावश्यक दावतों और फिल्मों पर होने वाले खर्च के अलावा और कहीं बचत की गुंजाइश नहीं थी।

जिस आत्म-सम्मान की भावना ने राम को 20 वर्षों तक अव्वल बनाए रखा,

वही अब उनके स्वाभिमान को कचोट रही थी। चार वर्षों के इस अनिश्चितता के दौर में उनका जुझारुपन ही उन्हें बार-बार गिरने से सँभालता रहा था, पर पचास की उम्र तक पहुँचते-पहुँचते राम के स्वभाव की चंचलता और खुलापन गुम होने लगा था।

जब कुछ खो जाए : सीखें, जो नहीं सिखाया जाता

मुश्किलों और समस्याओं से ही हमें सबक सीखने को मिलते हैं। अनुभवों से हम लगातार कुछ-न-कुछ सीखते रहते हैं और इस तरह अनजाने में ही हमारा एक लर्निंग एजेंडा यानी सीखने की कार्य-योजना तैयार हो जाती है। जब भी हम इस तरह कुछ सीखते हैं तो हमारे मन में वैसा ही भाव आता है जैसा कोई चीज गिर जाने पर आता है। जैसे जेब से पैसा गिर जाना⋯।

इस उम्र में राम यही महसूस कर रहे थे। मुश्किल की घड़ी थी। उन्हें लगने लगा था कि उन्हें अपने अतीत के बारे में सोचना बंद कर देना चाहिए और नए सिरे से शुरुआत करनी चाहिए। उन्हें सुदूर बंबई में किसी अन्य उद्योग क्षेत्र में-और वह भी कम वेतन पर नौकरी करनी पड़ी। अब तक उन्होंने जो समय गँवाया था, उसकी क्षतिपूर्ति वह अपने कैरियर के अंतिम दस वर्षों में कर लेना चाहते थे।

राम भाग्यशाली थे कि उन्हें फॉर्मास्यूटिकल सेल्स कंपनी में नौकरी मिली। सेल्स के क्षेत्र में उन्होंने अब तक जो अनुभव प्राप्त किए थे, वे फिर काम आए। एक बार फिर उनकी धाक जम गई। बाधाओं और मुश्किलों ने उन्हें काफी गंभीर बना दिया था। नई कंपनी में उनके कार्य को सराहा जाने लगा। उनकी एक अलग पहचान बन गई, लेकिन उनकी एक महत्त्वाकांक्षा थी कि उन्हें कंपनी की उच्चस्तरीय प्रबंधकीय टीम का सदस्य बनने का मौका मिले। उनके नाम के साथ 'कंपनी डायरेक्टर' पदनाम जोड़ा जाए। उनकी यह इच्छा कभी पूरी न हो सकी। चीफ परचेजिंग मैनेजर के पद से वे सेवानिवृत्त हुए।

उन्हें संतोष तब मिला, जब अपने जीवनकाल में राम ने अपने बेटों को डायरेक्टर बनते देखा। समय बहुत बदल गया था। सोच पूरी तरह बदल गया था, तथापि राम का जब निधन हुआ, तब वे निराश नहीं थे।

अनूठापन

क्या राम का कैरियर अनूठा था? अन्य लोगों के कैरियर से उनका कैरियर कितना अलग था?

जीव वैज्ञानिकों के अनुसार मनुष्य और केले के वंशानुगत लक्षण (Genes) में 60 फीसदी समानता है। आनुवांशिकी की दृष्टि से मनुष्य और चिंपाजी में बहुत कम अंतर है। चिंपाजियों में क्रोमोसोम के 24 जोड़े पाए जाते हैं। करीब पाँच मिलियन वर्ष पूर्व दो क्रोमोसोम के मेल से एक नई प्रजाति जन्मी, जिसमें क्रोमोसोम के 23 जोड़े थे। वह प्रजाति ही मनुष्य है।

इसके अलावा कोई और बड़ी विशेषता नहीं है, जिसके आधार पर मनुष्य और चिंपाजी में अंतर किया जा सके। मनुष्य 98 प्रतिशत चिंपाजी ही है। उस एक जोड़े क्रोमोसोम को अपना असर दिखाने में हजारों साल लग गए हैं। अब इस धरती पर कोई 6 अरब लोग ऐसे हैं जिनके क्रोमोसोम के जोड़ों की संख्या समान है, पर हम अपने आपको चिंपाजियों से अलग मानते हैं। सच तो यह है कि हर मनुष्य अपने-आप में खास है।

कैरियर के अनुभवों को समझने तथा उनसे मिलनेवाले सबक को आत्मसात् करने के लिए हमें एक फ्रेमवर्क की जरूरत होती है। इस कहानी से हमें अपने स्वयं के बारे में सोचने और समझने की प्रेरणा मिलती है। नेतृत्व विकास प्रक्रिया या पद्धति का यह मूलाधार है।

इसीलिए मैंने पुस्तक की शुरुआत कैरियर की एक कहानी से की है। किसी अन्य की कहानी सुनकर या पढ़कर हमें जो मिलता है, उसका स्वरूप व आधार व्यावहारिक होता हैं।

बॉक्स 1.3 : बुनियादी संदेश

1. बड़े सबक आपको किसी और से नहीं मिल सकते। इन्हें हम केवल अपने अनुभव से ही प्राप्त कर सकते हैं।
2. आपके अनुभव अपने-आप में अनूठे हैं। आप उनसे सबक ले सकते हैं, बशर्ते आप सीखना चाहें।
3. अनुभव महत्त्वपूर्ण नहीं है, महत्त्वपूर्ण है अनुभव से प्राप्त सबक।
4. परिस्थितियों के साथ सामंजस्य ही लगातार आगे बढ़ने की प्रक्रिया का महत्त्वपूर्ण हिस्सा है।
5. दूसरे लोगों ने अपने अनुभवों से क्या सीखा और कैसे सीखा-इसे पढ़ने और सुनने से सीखने की प्रक्रिया तीव्र हो जाती है।

□

2

तीन दुनिया का ढाँचा

''प्रकृति किसी को नैतिक नहीं बनाती; अच्छा बनना एक कला है।''

—लूसियस सेनेका

अनेक दिलचस्प घटनाओं और अनुभवों से मेरा सामना हुआ है। इनके साथ मैं नेतृत्व, महत्वाकांक्षा, सफलता, असफलता पर चिंतन करता हूँ तो मुझे इनसे बहुत मदद मिलती है। कुछ समय तक मैं ऐसे फ्रेमवर्क की तलाश करता रहा, जिसके माध्यम से मैं अपने इन अनुभवों को दूसरों को बता सकूँ, समझा सकूँ, ताकि नेतृत्व विकास में वे उनके लिए भी उपयोगी हो। यह फ्रेमवर्क मेरे अपने लर्निंग एजेंडा का भी प्रतीक था। यही वह तरीका है, जिससे हम वह सब सीखते हैं जो हमें सिखाया नहीं जाता।

'द केस ऑफ द बोन्साई मैनेजर'—मैनेजरों के लिए अंतर्ज्ञान के महत्त्व पर मेरे द्वारा लिखी पहली पुस्तक के लेखन से मुझे असीम संतुष्टि[1] मिली थी तो कई नए विचार और भ्रम भी पैदा हुए थे। मैं समझ नहीं पा रहा था कि स्वाभाविक कमजोरियों और दोषों के नकारात्मक प्रभावों से बचते हुए सफलता का सकारात्मक कौशल हासिल करने, उनका प्रदर्शन करने और दोनों में संतुलन का बिंदु कैसे और कहाँ निर्धारित किया जा सकता है। इन दोषों या नकारात्मक सोच को ही मैं 'आलस का जाल' मानता हूँ।

प्रबंधन कार्य और नेतृत्व विकास सकारात्मक सीख व जागरूकता से ही संभव है। सफल नेता सकारात्मक तकनीक और कौशल सीखते हैं, जिससे उन्हें प्रतिस्पर्धात्मक लाभ मिलता है। जब समान स्तर के दो लोग पदोन्नति के लिए प्रतिस्पर्धा कर रहे हों, उस समय इन सकारात्मक कुशलता की समझ और उसके अनुप्रयोग से ही नियति तय होती है।

अब सवाल उठता है कि अपने भीतर मौजूद नकारात्मक विशेषताओं के प्रति जागरूक होना कितना महत्त्वपूर्ण है? नकारात्मक सोच की ओर आपका ध्यान कौन आकर्षित करेगा? क्या नेतृत्व करने वाले लोग इन नकारात्मक विशेषताओं या दोषों को कुचलने या मिटाने पर विचार करते हैं? शायद, बहुत ज्यादा नहीं। वस्तुतः मैनेजर अपने कैरियर के शुरुआती वर्षों में तो अपने नकारात्मक बिंदुओं के बारे में बहुत ही कम सोचते हैं।

जैसे-जैसे कैरियर आगे बढ़ता जाता है, वैसे-वैसे उन्हें लगने लगता है कि अब कुछ नहीं हो सकता। इस तरह के अनुभवों से उन्हें महत्त्वपूर्ण सीख मिलती है, जो उनकी अपनी होती है। इन अनुभवों या घटनाओं से व्यक्ति के मन में एक सोच जन्म लेता है और जब वह इन पर चिंतन करता है तो उसे बहुत कुछ सीखने को मिलता है। यह बात हर अच्छे मैनेजर और लीडर के संदर्भ में सच है कि अनुभव से सीख मिलती है और सीख से ज्ञान बढ़ता है।

ऐसी बातों पर चिंतन-मनन करने के लिए एक फ्रेमवर्क जरूरी है।

टी.एम.टी.सी.-सी.सी.एल. (TMTC-CCL) फ्रेमवर्क

पुणे स्थित टाटा मैनेजमेंट ट्रेनिंग सेंटर (TMTC) में शिक्षकों की एक छोटी सी टीम समूह की विभिन्न कंपनियों के लिए राजनीतिक महत्त्व वाले विषयों व मामलों पर व्यवहारिक व उपयोगी शोध करती है। सन् 2006 में टी.एम.टी.सी. ने उत्तरी कैरोलिना में सेंटर फॉर क्रिएटिव लीडरशिप (CCL) के सहयोग से नेतृत्व पर एक शोध परियोजना बनाई। आरंभ में दोनों संस्थाओं ने भारतीय बिजनेस एक्जिक्यूटिवों से जुड़े आँकड़े जुटाए और उनका विश्लेषण किया (देखें बॉक्स 2.1)[2]। इसके बाद इंडिया रिसर्च स्टडी ने नेतृत्व विकास पर सी.सी.एल. के दो प्रश्नों के उत्तर तलाशना शुरू किए—

1. भारत के प्रबंधकीय लीडर प्रायः किस प्रकार की सीख ग्रहण करते हैं?
2. ये सीख या सबक वे किस प्रकार ग्रहण करते हैं?

इस अध्ययन के लिए करीब 71 सफल भारतीय मैनेजरों से बातचीत की गई। सी.सी.एल. के मूल अध्ययन में शामिल किए गए 191 अमेरिकी मैनेजरों की संख्या को देखते हुए यह एक अच्छी-खासी संख्या है। इस अध्ययन का उद्देश्य मूल अध्ययन को भारतीय परिदृश्य में रखकर सांस्कृतिक एवं संदर्भगत अंतरों का पता लगाना था।

बॉक्स 2.1 : सेंटर फॉर क्रिएटिव लीडरशिप

सी.सी.एल. ने एक सशक्त और सफल नेतृत्व प्रणाली विकसित कर ली है। नेतृत्व विकास से जुड़े अनेक प्रश्नों का हल ढूँढ़ने के उद्देश्य से सन् 1980 के दशक में अमेरिका में लेशन ऑफ एक्सपीरिएंस (Lessons of Experience—LOE) अध्ययन किया गया, 6 प्रमुख निगमों के 191 सफल एक्जीक्यूटिवों पर किए गए 5 अलग-अलग अध्ययनों को इसका आधार बनाया गया था। इन 191 एक्जिक्यूटिवों से दो प्रश्न पूछे गए थे, जो मैनेजर के रूप में उनमें दीर्घकालिक बदलाव लाने वाली घटनाओं पर आधारित थे।

1. कौन सी घटना घटी?
2. आपने उससे क्या और कैसे सीखा?

नेतृत्व विकास के गुरु वारन बेनिस ने लिखा है—द लेंशस ऑफ एक्सपीरिएंस की सर्वोपरी विशेषता यह सच्चाई है कि 'कारगर प्रबंधन विकास की मौलिक जिम्मेदारी स्वयं मैनेजरों की होती है।'[3]

इस तरह के बड़े-बड़े अध्ययनों के निष्कर्ष सार्वभौमिक रूप से मान्य होते हैं, जबकि स्थानीय स्तर के अध्ययन और उन पर आधारित निष्कर्ष उस देश-विशेष के लिए प्रासंगिक होते हैं। इसी संदर्भ में टाटा ने सी.सी.एल. के साथ गठजोड़ किया।

भारतीय एवं अंतरराष्ट्रीय आँकड़ों में वैसे तो एक व्यापक समानता पाई गई, लेकिन बलाघात के बिंदुओं और प्रभावों के पदानुक्रम में अंतर देखे गए। उदाहरण के लिए, भारतीय अध्ययन आँकड़ों में कम उम्र में लोगों पर जिम्मेदारियाँ डालने और मुश्किलों से ऊपर उठते हुए स्वयं अपना रास्ता तैयार करने पर ज्यादा बल दिया गया था। इसी तरह सॉफ्ट यानी बौद्धिक कौशल हासिल करने पर ज्यादा जोर दिया गया था। संभवत: इसका कारण था कि भारतीय मैनेजरों के कैरियर पर परंपरागत पारिवारिक ढाँचे और माता-पिता की पसंद-नापसंद का प्रभाव पाश्चात्य मैनेजरों की अपेक्षा ज्यादा होता है।

अध्ययन में शामिल किए गए मैनेजरों को अपने जीवन की तीन ऐसी महत्त्वपूर्ण या अविस्मरणीय घटनाओं को चिह्नित करना था, जिनसे प्रबंधन की अवधारणा के प्रति उनकी सोच में दीर्घकालिक बदलाव आया। ऐसी प्रत्येक घटना का अध्ययनकर्ताओं द्वारा विश्लेषण किया गया कि संबंधित मैनेजर ने उस घटना से क्या सीखा और कैसे सीखा?

इस तरह से सीखे गए ज्ञान को अलग-अलग मुख्य श्रेणी में बाँटा गया। अध्ययनकर्ताओं ने इन्हें तीन अलग-अलग दुनिया का नाम दिया (देखें बॉक्स 2.2)।

बॉक्स 2.2 : तीनों दुनिया में सीखे जाने वाले सबक

आंतरिक दुनिया (35 प्रतिशत)	काम करवाने की कला की दुनिया (32 प्रतिशत)	लोगों की दुनिया (33 प्रतिशत)
• आत्म-विश्वास	कार्यान्वयन व क्रियान्वयन कुशलता का विकास	अधीनस्थों का प्रबंधन व उत्साहवर्धन
• आत्म-जागृति	प्रबंधन व नेतृत्व कुशलता का विकास	अधीनस्थों को तैयार करना
• जीवन लक्ष्य	व्यवसाय चलाने के तकनीकी पहलुओं का ज्ञान	टीम प्रबंधन
• विनम्रता एवं उदारता	व्यापक संगठनात्मक दृष्टिकोण व रणनीतिक अंतर्दृष्टि का विकास	सहकर्मियों व वरिष्ठों के साथ संबंध स्थापित करना
• विश्वास व साख	निर्णय लेने व समस्या का हल खोजने की क्षमता का विकास	संपर्क व बातचीत के माध्यम से फीडबैक जानना
• परस्पर विरोधी स्थितियों के साथ	संगठनात्मक बदलाव	ग्राहक-अभिमुखता
• सामंजस्य		
• लचीलापन व आत्मसात करने की प्रवृत्ति		
• ईमानदारी		

स्रोत : लेशंस लीडर्स लर्न (Lessons Leaders Learn), टी.एम.टी.सी., पुणे, 2008

पहली है आंतरिक दुनिया, जिसमें व्यक्ति की निजी विशेषताओं, उसकी खूबियों और कमजोरियों को शामिल किया जाता है।

दूसरी और तीसरी दुनिया बाह्य कार्य–व्यवहार से जुड़ी है, जिसमें दूसरों के साथ आपसी संबंधों और दूसरों से काम कराने की कला का अध्ययन किया गया है।

नेतृत्व से जुड़े सबक इन्हीं तीन क्षेत्रों में बराबर–बराबर बँटे हुए हैं। इससे यह पता चलता है कि किसी कंपनी के नेतृत्व विकास के प्रयास समान रूप से संतुलित हो, ताकि उनमें इन तीनों क्षेत्रों का समावेश हो सके।

राग के कैरियर में इन तीनों क्षेत्रों का समावेश है।

आंतरिक दुनिया

आंतरिक दुनिया में नौ सबक हैं, जिनका वर्णन आगे किया जा रहा है।

आंतरिक दुनिया का सबसे महत्त्वपूर्ण सबक है आत्मविश्वास जगाना। आत्मविश्वास और घमंड में अंतर है। आत्मविश्वास का निशाना बाहर की ओर होता है, जबकि अभिमान का निशाना भीतर की ओर होता है। बचपन में पोलियो ने राम के आत्मविश्वास को दबा दिया था, लेकिन राम उससे उभरने के लिए कृतसंकल्प थे। परिणाम, पोलियो राम को अवसादग्रस्त नहीं बना पाया, बल्कि इससे उनके भीतर एक जुझारु प्रवृत्ति का विकास हुआ। गाँव छोड़कर जब वह शहर गया, उस समय उनका यह जुझारुपन काम आया। ऐसी घटनाएँ सभी के जीवन में घटती हैं, लेकिन कम ही लोग एक आत्मविश्वास के साथ खुद को इनसे ऊपर उठा पाते हैं।

दूसरा सबक है, आत्म–जागृति। किसी भी व्यक्ति का अपनी खूबियों को जानना स्वाभाविक है, लेकिन अपनी कमजोरियों के प्रति कम ही लोग जागरूक होते हैं। जहाँ तक राम की बात है, उन्होंने आगे बढ़ने की महत्वाकांक्षा में हमेशा कुछ नया करने की कोशिश की। संभवत: वह शुरू में ही समझ गए थे कि उनका खुला और मिलनसार स्वभाव उनके लिए लाभदायक सिद्ध होगा। विधवा महिलाओं के साथ तीर्थयात्रा पर जाने की अनुमति के लिए जिस तरह उन्होंने अपने पिता को मनाया उससे यह बात स्पष्ट होती है। राम ने इसका भरपूर फायदा भी उठाया। वह शायद अपनी खूबियों और कमजोरियों को ठीक–ठीक समझ नहीं पाए थे, इसीलिए कलकत्ता से नौकरी छोड़कर आ गए थे। वह समझ नहीं पाए होंगे कि उन दिनों यानी सन् 1950 के दशक में उनके जैसे किसी नॉन ग्रेजुएट के लिए नई नौकरी प्राप्त करना मुश्किल हो सकता है।

आंतरिक दुनिया का तीसरा महत्त्वपूर्ण सबक जीवन–लक्ष्यों से जुड़ा है। भारत में बच्चे कम–से–कम वयस्क होने तक तो अपने माता–पिता व परिवार के अन्य

सदस्यों के साथ रहते हैं। परिवार के साथ उनका जीवनभर का नाता होता है। ऐसे में स्वतंत्र रूप से स्वयं अपना जीवन-लक्ष्य निर्धारित करने को स्वार्थी या आत्मकेंद्रित होना मान लिया जाता है। राम का नौकरी छोड़ने और अपनी पसंद की हेयरस्टाइल अपनाने के फैसले से पता चलता है कि अपने लक्ष्य को लेकर वह क्या और कैसे सोचते थे। कंपनी डायरेक्टर बनने की लालसा थी, परंतु अपनी महत्वाकांक्षा को उन्होंने अपने ऊपर हावी नहीं होने दिया, बल्कि अपने बेटों को अपनी इस महत्वाकांक्षा को हासिल करने का माध्यम बनाया।

अगला सबक विनम्र और सहृदय बनने, विश्वास प्राप्त करने तथा असमंजस की स्थिति में कार्य करने से संबंधित है।

राम के मन में दूसरों के प्रति संवेदना थी जो कम सक्षम और अक्षम लोगों की मदद करने की उनकी इच्छा से जाहिर होती है। बंगाल में आए अकाल के दौरान पीड़ित लोगों की मदद के लिए उन्होंने एक रसोई शुरू की। अपने रिश्तेदारों की मदद करके उन्होंने अपने चाचा को दिए अपने वचन का पालन किया, जो उन्होंने गाँव छोड़ते समय उन्हें दिया था। परिवार के प्रति यथासंभव उदारता उनका स्वभाव बन गया था।

बीमा कंपनी में नौकरी करते हुए राम ने अपनी अच्छी व्यावसायिक साख बना ली थी। अचानक नौकरी छोड़ने पर उन्होंने पाया कि उनकी साख और जमा-पूँजी पर नकारात्मक प्रभाव पड़ रहा है। अपनी गलतियों से उन्होंने सीखा। एक नए शहर में, नए उद्योग क्षेत्र में और नई कंपनी में उन्होंने अपनी मेहनत और लगन के बलबूते एक बार फिर अपना कैरियर बनाया और साख स्थापित की। इसमें उनका अब तक का अनुभव काम आया।

राम ने दोनों ही तरह के समाज-परंपरागत और आधुनिक शहरी समाज में, अपने आपको ढाल लिया था। एक ओर काली टाई और डिनर जाकेट पहने वह कलकत्ता की कॉकटेल पार्टियों में शिरकत करते हुए भारत की राजनीति व औद्योगिक नीतियों पर चर्चा के दौरान अपने आपको बेतकल्लुफ पाते थे, तो किसी धार्मिक समारोह में परंपरागत धोती पहने और माथे पर टीका लगाए आध्यात्मिक विषयों पर अपने विचार रखने में भी बेतकल्लुफ थे। बहुत सारे भारतीय ऐसे हैं जो अलग-अलग समाज-समुदाय में एक साथ सामंजस्य बना लेते हैं।

अंतिम तीन सबकों का संबंध अपनी हार का सामना करने, हर स्थिति में स्वयं को ढालने की कला विकसित करने और एकजुटता बनाए रखने से संबंधित है। राम

ने समय-समय पर कुछ कदम ऐसे उठाए जिनसे लगता है कि उन्होंने खुद अपने लिए मुसीबत मोल ली। पहली बार, जब उन्होंने स्टेनोग्राफर की जमी-जमाई नौकरी छोड़ी, उसके बाद अकाउंटेंसी पढ़ने का फैसला किया और अंत में कैरियर के चरम पर पहुँचने पर अच्छे-खासे वेतन वाली कॉरपोरेट नौकरी छोड़ दी। लेकिन हर बार वह मुश्किल से बाहर निकलने में भी सफल रहे।

वस्तुतः उन्होंने हर स्थिति के अनुसार अपने आपको ढाल लिया था। यह सबक उन्होंने स्वयं सीखा था। उदाहरण के लिए, किस तरह की और कितने वेतन की नौकरी उन्हें स्वीकार करनी है इस संबंध में व्यवहारिक बनने के लिए वह पूरे चार साल तक बेरोजगार रहे। कहा जाता है कि विपत्ति सबसे अच्छी शिक्षक होती है और राम ने भी विपत्तियों व मुश्किलों से सबक सीखे।

यहाँ ईमानदारी का मतलब पैसों के लेन-देन से संबंधित ईमानदारी से नहीं है, बल्कि अपने स्वयं के प्रति ईमानदार बनना है। दुविधा और संदेह तो जीवन का हिस्सा है, लेकिन आपके पास जो अपने प्रति ईमानदारी का भाव है, उसी से आप जीवन को संपूर्णता के साथ जी पाते हैं। उदाहरण के लिए अपनी धार्मिक प्रवृत्ति और मध्यमवर्गीय होने के भाव से राम को शहरी और व्यावसायिक जीवन-शैली के नकारात्मक पहलुओं से दूर रहने में मदद मिली। हालाँकि उनकी शहरी जीवन शैली और दावतों आदि में शिरकतबाजी को देखकर उनके शुभचिंतक चिंतित हुए थे कि आगे चलकर कहीं उनके नैतिक स्तर में गिरावट न आ जाए।

दूसरों से काम करवाने की दुनिया

शोध में दूसरों से काम लेने की दुनिया से जुड़े छह सबक का उल्लेख किया गया है।

इनमें सबसे महत्त्वपूर्ण सबक है—कार्योन्मुखी होना और दूसरों से काम लेना। शिक्षाविदों में यह प्रवृत्ति कम दिखाई देती है, लेकिन औद्योगिक क्षेत्र से जुड़े किसी मैनेजर के लिए यह महत्त्वपूर्ण है। याद कीजिए राम काम को होते हुए देखने के बजाय स्वयं कर देते थे। उन्होंने इस सर्वमान्य धारणा को पुष्ट किया कि एक मैनेजर के कैरियर का 99 प्रतिशत विकास उसके कार्यकाल यानी व्यवहारिक अनुभव के दौरान होता है, जबकि कुल प्रबंधकीय कौशल का मात्र 1 प्रतिशत ही वह कक्षा में सीख पाता है।

दूसरा सबक नेतृत्व कुशलता के विकास से जुड़ा है। नेतृत्व कुशलता का अर्थ

दूसरों से काम लेने की कला से है। एक नेता में यह कुशलता होनी चाहिए कि वह आगे आकर अपने अधीनस्थों या अनुयायियों को अपने कर्तव्य-पथ पर अग्रसर कर सके। राम के कैरियर में हमने देखा कि वह लगातार एक ही काम में नहीं लगे रहना चाहते थे; बल्कि जरूरत के अनुसार समय-समय पर वह नए काम में हाथ आजमाते रहते थे और उससे कुछ-न-कुछ नया सीखते रहते थे।

तीसरा महत्त्वपूर्ण सबक है संस्थान में काम की तकनीकी बारीकियों का समावेश। इसमें अपने अधीनस्थों या सहयोगियों के साथ विश्वास का रिश्ता कायम करना भी शामिल है। अपने काम की तकनीकी बारीकियों को सीखना और फिर नए-नए कामों के बारे में जानने के लिए कुछ नया करते रहना राम के स्वभाव का हिस्सा था। सबसे पहले उन्होंने स्टेनोग्राफी सीखी। उसके बाद वह आगे बढ़े और बाजार में ग्राहक बनाना सीखा। फिर अकाउंटेंसी सीखी। वह और आगे बढ़े और दूसरों से काम करवाने का कुशलता सीखी। आगे के तीन सबक निर्धारित कार्य या उत्तरदायित्व के प्रति व्यापक दृष्टिकोण व सोच विकसित करने, निर्णय लेने की क्षमता व कौशल का विकास करने के साथ कार्य-परिवेश एवं कार्य-तकनीक में आने वाले बदलाव के अनुसार सारी व्यवस्था को ढालने से संबंधित है। राम के कैरियर से पता चलता है कि किस प्रकार उन्होंने मात्र एक 'इंजीनियर' बने रहने के बजाय मैनेजमेंट का आर्किटेक्ट 'वास्तुकार' बनना सीखा। यह बात वह शुरू में ही समझ गए थे कि हमें स्वयं समस्याओं को समझकर उनका हल निकालना होगा। चिंतन, मनन और विश्लेषण की प्रक्रिया से मुँह नहीं मोड़ सकते। राम ने अलग-अलग कंपनियों में अपने उच्चाधिकारियों के साथ सामंजस्य बैठाने की कला स्वयं सीखी। उन्होंने दूसरों को अपनी बात पर राजी करने और अपनी बात को प्रभावी ढंग से दूसरों के सामने रखने की कला भी सीखी। ये दोनों ही पहलू संगठनात्मक बदलाव के लिए अत्यंत आवश्यक हैं।

दूसरों से काम लेने की दुनिया किसी भी प्रबंधकीय लीडर के लिए अतिआवश्यक है। प्रबंधकों से अपेक्षा की जाती है कि वे काम को स्वयं करने की बजाय उसे अपने अधीनस्थों से करवाएँ। इसके लिए भी उपयुक्त कुशलता की आवश्यकता होती है (देखें बॉक्स 2.3)।

बॉक्स 2.3 : मैनेजर कैसे बनें

एम.डी., बिल एंड मेलिंडा गेट्स फाउंडेशंस ग्लोबल हेल्थ प्रोग्राम (Bill and Melinda Gates Foundation's Global Health Programme) के अध्यक्ष हैं ताची यमादा। आपने पहली बार मैनेजर बनना कैसे सीखा—यह पूछने पर उन्होंने एडम ब्रायंत (Adam Bryant) को बताया था—

'मेरा मानना है कि एक समर्पित कार्यकर्ता से प्रबंधक बनने के लिए किसी व्यक्ति को बदलाव की जिन अवस्थाओं से गुजरना पड़ता है, वह एक मुश्किल रूपांतरण है। आपको क्या छोड़ना पड़ता है? अपना काम आप स्वयं न करके अपनी टीम से कैसे कराएँगे?

मैंने एक सिद्धांत सीखा और अमल किया है। वह है मैं सूक्ष्म स्तर यानी निम्नतम स्तर पर प्रबंधन का काम स्वयं नहीं देखता हूँ, लेकिन प्रबंधन के हर स्तर में मैं रुचि लेता हूँ। मैं हर स्तर की जानकारी व विवरण रखता हूँ और उन विवरणों में भी रुचि लेता हूँ। विश्वास होता है कि जो कुछ भी हो रहा है, उसकी मुझे जानकारी है लेकिन मुझे स्वयं लोगों को, कुछ करने के लिए नहीं कहना पड़ता।'

(स्रोत : इंटरनेशनल हेराल्ड ट्रिब्यून, 1 मार्च, 2010)

लोगों की दुनिया

'लोगों की दुनिया' से जुड़ी शोध रिपोर्ट में छह सबक का उल्लेख किया गया था—

कोई भी व्यक्ति यदि अपने अधीनस्थों को प्रेरित या प्रोत्साहित नहीं कर सकता, तो वह एक सफल लीडर नहीं बन सकता। दूसरों को प्रेरित या प्रभावित करने के लिए जरूरी नहीं कि व्यक्ति बहुत ज्यादा बहिर्मुखी हो; लेकिन हाँ, इससे थोड़ी मदद मिलती है। अपने बहिर्मुखी व्यक्तित्व और मिलनसार स्वभाव के बल पर ही राम इतनी आसानी से विभिन्न स्तरों पर अपने अधीनस्थों को सँभाल पाए। बाद में उनके पूर्व अधीनस्थ बड़ी श्रद्धा से उनकी इन विशेषताओं की चर्चा करते थे।

इस क्षेत्र से जुड़ा दूसरा सबक अपने अधीनस्थों को सँभालना है। अध्याय एक में राम के कैरियर की जो कहानी हमने पढ़ी, वह वैसे तो इस पहलू पर सीधे कोई प्रकाश नहीं डालती, लेकिन शीर्ष स्तर के कुछ प्रबंधकों की सफलता के साथ स्वयं को जोड़कर देखने में राम ने गर्व का अनुभव किया था।

तीसरा सबक है-विभिन्न समूह का प्रबंधन सँभालना। राम की व्यावसायिक वृत्ति में यह कौशल खास तौर पर देखने को मिलता है। अपने कैरियर के दौर में राम

को मजदूर संघ की गंभीर उत्तरार्ध समस्या का सामना करना पड़ा था। हालाँकि अपनी कर्मठता और मिलनसार स्वभाव के बल पर हर चुनौती का सामना करते हुए अपनी टीम के मनोबल को बनाए रखा।

इस क्षेत्र के दूसरे तीन सबक अधीनस्थों, समकक्षों और ग्राहकों के साथ संबंध और बातचीत से जुड़े हैं। राम की कहानी इन पहलुओं पर कोई बहुत ज्यादा प्रकाश नहीं डालती, लेकिन इस विषय पर हम आगे चर्चा करेंगे।

यहाँ महत्वपूर्ण बिंदु यह है कि आप अपना सबक अपने अनुभव, चिंतन व विश्लेषण से क्या व कैसे सीखते हैं।

जब राम ने अपने सबक सीखे

ऐसे चिंतन व विश्लेषण से कभी-कभी असमंजस की स्थिति पैदा होती है। यह संदेह हो सकता है कि मेरा कैरियर व्यक्तिगत तौर पर सार्थक और संतोषजनक रहा या नहीं। महाभारत में युधिष्ठिर के मन में भी ऐसे विचार आए थे (देखें बॉक्स 2.4)। कैरियर पर चिंतन करने से ऐसे विचार आते ही हैं। आधुनिक संगठनात्मक मनोविश्लेषक इसे 'मध्य-जीवन का संकटकाल' (Mid-life crisis) कहते हैं। यह सही नामकरण है।

बॉक्स 2.4 : अनुभवों का प्रभाव

महाभारत कौरवों और पांडवों (परस्पर चचेरे भाई) के बीच युद्ध की कहानी है। यह लोभ, मोह, ईर्ष्या और षड्यंत्र से भरी हुई है। इस युद्ध में अंततः युधिष्ठिर के नेतृत्व में पांडवों की जीत हुई।

यह महाकाव्य विनाशकारी युद्ध पर केंद्रित है। युद्ध लंबे समय तक चला था। कई लोग मारे गए थे। भीषण रक्तपात के बाद पांडव विजयी हुए, पर युधिष्ठिर सोचने लगे, 'मैंने पूरी पृथ्वी को जीत लिया…लेकिन अपने ही सगे-संबंधियों का रक्त बहाकर। क्या मैंने अच्छा किया? क्या सचमुच मैं जीत गया हूँ? या फिर हार गया हूँ?'

राम ने कभी कोई एडवांस मैनेजमेंट कोर्स नहीं किया। हाँ, अपने लंबे कैरियर के दौरान उन्होंने कुछ छोटे-मोटे कोर्स अवश्य किए। दिलचस्प बात यह है कि उनके नेतृत्व विकास में किसी ठोस औपचारिक प्रशिक्षण के अभाव का प्रभाव नहीं देखने को मिलता। काम करते हुए उन्होंने अपनी गलतियों से सीखा और उनमें लगातार सुधार किया।

सी.सी.एल. के मूल अध्ययन में कहा गया था, सीखने की प्रक्रिया सीखकर आप खुद समय व परिस्थिति के अनुसार ढाल सकते हैं। अपनी शिक्षा को अपने अनुकूल बना सकते हैं और अपनी सीखने की प्रक्रिया बेहतर बना सकते हैं। आपके अनुभव आपके लिए 'कसौटी' का काम करते हैं जो आपको एक नई पहचान देते हैं। शोध से पता चला कि 'कसौटियों से आप तब ही सीख सकते हैं जब आप अपनी व्यक्तिगत इच्छाओं-महत्त्वाकांक्षाओं, लक्ष्यों, सीखने की शैली को परस्पर जोड़ सकें।'[4]

यह एक महत्त्वपूर्ण संदेश है। अभ्यर्थी एक्जिक्यूटिव अकसर मुझसे पूछते हैं कि अगर उन्होंने किसी कम जानी-मानी शिक्षण संस्था में पढ़ाई की होती या फिर किसी छोटी-मोटी कंपनी में काम किया होता तो क्या होता? उन्हें इसका कितना खामियाजा भुगतना पड़ता? मैं हमेशा यही कहता हूँ कि अपनी शिक्षा, योग्यता या अनुभव से भविष्य में जो कुछ कर सकने की आपकी संभावना इन सबसे च्यादा महत्वपूर्ण है। यह आपकी शिक्षा या अनुभव की गुणवत्ता पर निर्भर करता है।

शिक्षण संस्था या कंपनी की प्रतिष्ठा ज्यादा महत्त्वपूर्ण नहीं होती। नेतृत्व विकास का मात्र तीन प्रतिशत आप क्लासरूम और पाठ्यक्रम के दौरान ग्रहण कर पाते हैं, जबकि आज अधिकतम मैनेजर शीर्ष स्तर के पाठ्यक्रमों के पीछे भाग रहे हैं।

अपनी तरह के कई अन्य मॉडलों की तरह ही फ्रेमवर्क से भी कोई चौंकाने वाला निष्कर्ष नहीं निकलता। बस यह जानकारी मिलती है कि किस प्रकार तुलनात्मक रूप से बेहतर व्यावसायिक लीडर तैयार किए जा सकते हैं।

टी.एम.टी.सी. और सी.सी.एल. द्वारा संपादित शोध का लक्ष्य यह जानना था कि किस प्रकार व्यावसायिक लीडर नई-नई बातें सीखते हैं? किस प्रकार उनके विकास को सकारात्मक दिशा में मोड़ा जा सकता है? जबकि मेरी पुस्तक का विषय है कि किस प्रकार नेतृत्व विकास में आने वाले अवरोधों को दूर किया जा सकता है। दरअसल, मैं एक ऐसा फ्रेमवर्क विकसित करना चाहता हूँ, जिससे व्यावसायिक लीडर्स को अपने कैरियर के दौरान 'आलस के जाल' से सतर्क रहने या कहें कि बचने में मदद मिले।

वह फ्रेमवर्क यही हो सकता था। गति और अवरोध दोनों ही नेतृत्व विकास मॉडल के दो पहलू हैं।

यह सच है कि राम की कहानी किसी भी आम मैनेजर की कहानी हो सकती

है। किसी भी व्यक्ति में यदि आत्मविश्वास, महत्त्वाकांक्षा, निष्ठा व ईमानदारी जैसी खूबियाँ हैं तो ईर्ष्या, अभिमान, चपलता और लापरवाही जैसी कमजोरियाँ भी पाई जाती हैं। व्यक्ति के स्वभाव में इन दोनों ही पक्षों का समावेश स्वाभाविक है।

हममें से हर किसी का जीवन व कैरियर रपटीले रास्तों से गुजरता है। इस प्रकार कैरियर कभी सफलता की चोटी की ओर बढ़ता दिखाई देता है तो कभी असफलता के गर्त में गिरने की निराशाजनक अनुभूति करवाता है। इसी तरह कैरियर जहाँ भरा-पूरा और संतोषजनक हो सकता है वहीं अभावग्रस्त और अपूर्ण भी हो सकता है, लेकिन हर कैरियर में कुछ-न-कुछ ऐसा होता है जिस पर चिंतन-मनन व विश्लेषण करके महत्त्वपूर्ण निष्कर्ष निकाले जा सकते हैं।

बॉक्स 2.5 : बुनियादी संदेश

1. आपको ऐसे सबक भी सीखने पड़ते हैं जिन्हें कोई सिखाने वाला नहीं होता। उन्हें आप अपने अनुभव से सीखते हैं।
2. अपने अनुभवों का विश्लेषण करके आप कई नए सबक सीख सकते हैं।
3. एक जैसे अनुभव से गुजरने वाले दो अलग-अलग व्यक्तियों को एक ही अनुभव से अलग-अलग सबक मिलते हैं।
4. आप अपनी व्यक्तिगत महत्त्वाकांक्षा, लक्ष्य, साधन और सीखने की शैली को एक साथ जोड़कर नए सबक सीख सकते हैं।
5. आप अपनी आंतरिक दुनिया, संबंधों की दुनिया और कार्यों की दुनिया के अनुभवों से सबक सीखते हैं।

संदर्भ

1. द केस ऑफ द बोन्साई मैनेजर,-पेंग्विन, 2006
2. लेसंस लीडर्स लर्न, टी.एम.टी.सी., पुणे, 2008
3. द लेसंस ऑफ एक्सपीरिएंस, मोरगन मैककॉल, माइकल लोबार्डो, एन्न मॉरिसन, फ्री प्रेस, 1988
4. क्रूसिबल्स ऑफ लीडरशिप, रॉबर्ट जे. थॉमस, हार्वर्ड यूनिवर्सिटी प्रेस, 2008

□

3

सुस्पष्ट प्रतिक्रिया

क्लेमेंटाइन मिरर

''ज्ञान की अपेक्षा अज्ञानता से ज्यादा आत्मविश्वास मिलता है। अब तक जो कुछ भी मैंने सीखा, उसमें से अधिकांश स्वयं सीखा है।''

—चार्ल्स डार्विन

हर एक में कुछ-न-कुछ महत्त्वाकांक्षाएँ होती हैं जो उसके मन और स्वभाव के अनुकूल होती हैं। उसकी महत्त्वाकांक्षाएँ उसकी पृष्ठभूमि पर निर्भर करती है। किस प्रकार की परिस्थितियों का उसने सामना किया है, इस पर निर्भर करती है। हर व्यक्ति के सपने और महत्त्वाकांक्षाएँ स्वयं में बिलकुल अलग होती हैं जो किसी-न-किसी रूप में उसे दिखाई भी देती हैं, यह बात अलग है कि दूसरे लोग उन्हें उस रूप में नहीं देख पाते।

किसी व्यक्ति में नेतृत्व गुण के विकास की प्रक्रिया काफी व्यापक और जटिल है। यह ज्ञान और कौशल हासिल करने की प्रक्रिया से भी च्यादा जटिल है। व्यावसायिक लीडर अपनी तीनों दुनिया-आंतरिक दुनिया, लोगों की दुनिया और कामकाजी यानी दूसरों से काम कराने की दुनिया से सीखते हैं। प्रबंधक अपनी अंतर्दृष्टि और अपने अनुभव से सीखते हैं। सच यह है कि प्रयोग और अनुभव से अंतर्दृष्टि आती है, इसे न सीखा जा सकता है और न ही सिखाया जा सकता है। हाँ,

दृष्टांतों से इसमें मदद जरूर मिलती है।

एक ओर जहाँ किसी शीर्ष लीडर के विकास की प्रक्रिया को इन्हीं तीन दुनिया से गति मिलती है, वहीं दूसरी ओर अवरोध भी यहीं से उत्पन्न होते हैं। इस प्रकार गति और अवरोध दोनों ताओ के यिन और यांग यानी सकारात्मक और नकारात्मक ऊर्जा की तरह हैं।

बोन्साई ट्रेप : 'मैं दूसरों से बेहतर हूँ'

टाटा ग्रुप या अन्य संस्थानों में जब भी मैं क्लासरूम में मैनेजरों से मिलता हूँ, तो उनसे एक व्यक्तिगत प्रश्न पूछता हूँ, जिनका उत्तर उन्हें 'हाँ' या 'नहीं' में देना होता है। सवाल के साथ मैं दो बातें कहता हूँ :

पहला कथन–मैं अपने समकक्षों की अपेक्षा ज्यादा कार्यकुशल हूँ। (हाँ/नहीं)

दूसरा कथन–मेरे मानवीय संबंध मेरे समकक्षों की अपेक्षा कहीं बेहतर हैं। (हाँ/नहीं)

सांख्यिकीय आधार पर कहा जा सकता है कि किसी एक बैच में इन प्रश्नों के कुल प्राप्त उत्तर लगभग 50 प्रतिशत समान होने चाहिए, क्योंकि क्लासरूम में आने वाले कुशल मैनेजर अपनी तुलना कुशल समकक्षों से ही करते हैं। लेकिन मुझे लगभग 80 प्रतिशत उत्तर मिले, जिससे पता चलता है कि ज्यादातर लोग यही मानकर चलते हैं कि वे दूसरों की अपेक्षा कहीं बेहतर हैं। वह 'नकारात्मक ग्रंथि' मैं दूसरों से बेहतर हूँ, किसी को भी जकड़ सकती है।

यह मनुष्य का स्वभाव है कि वह अपने बारे में बस अच्छी-अच्छी बातें ही कहना और सुनना चाहता है। इस सिद्धांत को पुष्ट करनेवाला एक प्रमाण भी है।[1] अध्ययन व शोध से निकाला गया है कि यह निष्कर्ष दो खतरों की ओर संकेत करता है, जिनका सामना प्रत्येक मैनेजर को करना पड़ता है।

पहला खतरा यह कि जब भी आप अपनी तुलना दूसरों के साथ करते हैं, तब अपनी खूबियों को बढ़ा-चढ़ाकर सामने रखते हैं और कमजोरियों को छिपाने या दबाने की कोशिश करते हैं। दूसरा खतरा पहले खतरे से ही उत्पन्न होता है। चूँकि आप अपनी कमियों को सामने नहीं रखते, इसलिए आपके पास लोगों की वास्तविक प्रतिक्रिया भी नहीं आ पाती हैं, जिससे आप अपना सही मूल्यांकन कर सकें।

यह हम सभी के स्वभाव का नकारात्मक पहलू है कि हम अपनी खूबियों को बढ़ा-चढ़ाकर पेश करते हैं और अपनी कमजोरियों या कमियों को कम करके

आँकते हैं। यह हमारी तरक्की में बाधा बनता है और प्रबंधन की नजर में हमारी छवि अन्य सहकर्मियों की अपेक्षा धूमिल होती है। इसे लेकर अकसर हमारे मन में असंतोष भी जन्म लेता है। नकारात्मकता का यह एक सार्वभौमिक जाल है। इस सार्वभौमिक जाल से कई अन्य गुत्थियाँ जुड़ी होती हैं, जैसे अहंकार, सहनशीलता की कमी व ईर्ष्या।

किसी भी मैनेजर के लिए अपनी कमजोरियों या नकारात्मकता के इस जाल से पूरी तरह बंधनमुक्त रहना बहुत मुश्किल है। हाँ, वह यह कर सकता है कि अपनी कमजोरियों के प्रति सजग रहकर उनसे होनेवाले नुकसान से बच जाए।

अपनी कमजोरियों को खुलकर सामने रखने के लिए गहरी आत्मानुभूति की जरूरत है। अपने स्वभाव की कमजोरियों के बारे में आप स्वयं ही जान सकते हैं। उनके बारे में कोई दूसरा बता नहीं सकता।

अकसर कहा जाता है कि आप जिसे अपना समझते हैं या जिसका भला चाहते हैं, उसकी कमियों या खूबियों के बारे में सही-सही प्रतिक्रिया व्यक्त करते हैं और जिसे आप गैर समझते हैं, उसके बारे में सिर्फ अच्छी या सकारात्मक बातें ही कहते हैं। परंतु वास्तविकता यह नहीं है।

आपका अधिकारी या आपके सहकर्मी आपकी कमियों के बारे में शायद ही आपसे कुछ कहते होंगे तो फिर आपका समकक्ष या आपका प्रतिद्वंद्वी आपकी कमजोरियों की ओर क्यों इशारा करेगा? यह उसका काम भी नहीं है। आपका वरिष्ठ भी ऐसा क्यों करेगा? अब बात आती है आपके अधीनस्थ की। वह अपने अधिकारियों की कमियाँ गिनाकर अपना कैरियर दाँव पर लगाने की जोखिम क्यों उठाएगा? कुछ कमजोरियाँ ऐसी होती हैं जो मामूली नुकसान पहुँचाती हैं, जबकि कुछ कमजोरियाँ ऐसी होती हैं जिनसे भारी नुकसान होता है। स्वभाव व व्यवहार के ये सकारात्मक और नकारात्मक पहलू जब एक साथ मिलते हैं तब व्यक्ति का असली चेहरा सामने आता है।

और फिर एक दिन आपको लगता है कि पैसा आखिर गिर गया।

अपनी कमजोरियों या नकारात्मकताओं के बारे में जानने के लिए जरूरी है कि आप दूसरों की बातें सुनें और समझने की कोशिश करें कि आप दूसरों पर अपना कैसा प्रभाव छोड़ रहे हैं। लोग जाने-अनजाने हमेशा अपनी प्रतिक्रियाएँ देते रहते हैं। कुछ प्रतिक्रियाएँ प्रत्यक्ष देखने में आती हैं, जबकि कुछ अन्य दिखाई नहीं देती है। इस अध्याय में हम स्पष्ट प्रतिक्रिया के बारे में चर्चा करेंगे।

सुस्पष्ट प्रतिक्रिया

अपने सामने एक आईना रखकर और उसमें गौर से अपने-आपको देखकर आप अपनी कमियों या नकारात्मक पहलुओं से अवगत हो सकते हैं। इस प्रकार प्रत्यक्ष रूप से प्राप्त की जाने वाली प्रतिक्रिया को मैंने 'क्लेमेंटाइन मिरर' स्व-नियंत्रण दर्पण, (Self Controlled Mirror) नाम दिया है। यह नाम क्लेमेंटाइन चर्चिल द्वारा अपने पति सर विंस्टन को एक रोचक पत्र लिखने के कारण दिया है। (देखें बॉक्स 3.1)

बॉक्स 3.1 : क्लेमेंटाइन की सलाह

क्लेमेंटाइन चर्चिल अपने पति विंस्टन चर्चिल के प्रति वफादार थीं, लेकिन वे अपने पति की नकारात्मक बातों की ओर उनका ध्यान भी आकर्षित करती थीं और समय-समय पर उनके दूसरों से बिगड़े संबंधों को सुधारने की कोशिश करती थीं। विंस्टन चर्चिल ही नहीं, बल्कि पूरा देश क्लेमेंटाइन के अहसानों तले दबा हुआ है, क्योंकि उन्होंने ही सर विंस्टन चर्चिल को देश पर एकाधिकार स्थापित करने के भ्रष्ट आचरण से बचाया था।

जून 1940 में क्लेमेंटाइन ने सर विंस्टन चर्चिल को एक पत्र लिखा, पर उसे चार दिन तक अपने पास सँभालकर रखा, फिर फाड़ डाला। अंत में फटे हुए टुकड़ों को जोड़कर उन्होंने अपने पति को भेज दिया। आज भी वह पत्र संग्रहालय में रखा हुआ है। पत्र को पढ़कर आप स्वयं समझ सकते हैं कि क्यों श्रीमती चर्चिल उसे भेजने में हिचकिचाई थी। ध्यान रहे, उस समय विश्वयुद्ध चल रहा था और विंस्टन चर्चिल ब्रिटेन के प्रधानमंत्री थे।

पत्र कुछ इस प्रकार था—

प्रिय, मुझे आशा है कि आपके बारे में आपको जो बात मैं बताने जा रही हूँ, उसके लिए आप मुझे क्षमा कर देंगे, क्योंकि यह बात ऐसी है जिसे जानना, आपके लिए जरूरी है। आपकी यात्रा के दौरान आपके साथ रहा एक व्यक्ति, जो आपका वफादार दोस्त भी है, मेरे पास आया था। उससे मुझे पता चला कि आपके अशिष्ट व्यवहार के कारण सहकर्मियों और अधीनस्थों के बीच आपकी छवि धूमिल होने का डर है। बैठकों और सम्मेलन वगैरह में अगर आप दूसरों के विचारों और सुझावों को महत्त्व नहीं देंगे तो धीरे-धीरे लोग अपने विचार रखने से कतराने लगेंगे। मैं बहुत हैरान थी, क्योंकि इतने वर्षों से मैं उन सब लोगों के करीब रही हूँ, जो या तो आपके साथ हैं या फिर आपके अधीन काम करते रहे हैं। आपके प्रति मेरा प्यार ही मुझे यह सब कहने के लिए विवश कर रहा है। हालाँकि मुझे यह भी बताया गया कि इसका कारण आपका अति व्यस्तता और तनाव है।

प्रिय विंस्टन, मुझे कहना पड़ेगा कि आपके व्यवहार और तौर-तरीकों में नकारात्मक बदलाव आया है। अब आप पहले जितने अच्छे नहीं रहे। आदेश देना आपका काम है, लेकिन उसमें आपकी सरलता और सहृदयता झलकनी चाहिए। यह बात मैं कभी नहीं बरदाश्त कर पाऊँगी कि आपकी और देश की सेवा में लगे लोग मन से आपकी प्रशंसा न करें या आपके प्रति सम्मान का भाव न रखें। फिर अशिष्टता और उपेक्षापूर्ण व्यवहार से तो वैसे भी आपको कुछ अच्छे परिणाम मिलने वाले नहीं हैं। कृपा करके अपनी प्रिय और फिक्रमंद क्लेमेंटाइन को क्षमा करना।

पत्नियाँ अकसर अपने पतियों की खास सहायता करती हैं, क्योंकि वे ऐसी बातें भी बोल देती हैं जिन्हें बोलने की हिम्मत और कोई नहीं कर पाता। लीडर को अपनी पत्नी या पति से जो प्रत्यक्ष प्रतिक्रिया मिलती है वह कड़वी जरूर होती है, लेकिन होती बहुत उपयोगी है।

आजकल अपने बारे में आम प्रतिक्रिया जानने की कई अन्य तकनीक भी उपलब्ध है। इन तकनीकों से कोई भी मैनेजर अपने सहकर्मियों से प्रतिक्रिया या फीडबैक प्राप्त कर सकता है। हालाँकि यह तरीका काफी खतरनाक भी हो सकता है। टाटा समूह की एक घटना मुझे याद आती है। एच.आर. यानी मानव संसाधन एजेंडे पर चर्चा करने के लिए वरिष्ठ डायरेक्टरों और मैनेजरों की एक बैठक हो रही थी। चर्चा का विषय था-आत्म-विकास, नेतृत्व शैली एवं संवेदनशीलता। एच.आर. टीम ने प्रकाशित शोध के अध्ययन से निकाले निष्कर्षों के आधार पर एक टूल तैयार किया था। टाटा रिफ्लेक्शंस (Tata Reflections) ब्रांड नाम वाले इस टूल ने एक जीवंत चर्चा को जन्म दिया। कुछ लोग मान रहे थे कि यह 360° फीडबैक, सर्वतोमुखी प्रतिक्रिया के रूप में कार्य करेगा, जबकि दूसरे लोगों को संदेह था कि पता नहीं पदानुक्रम पर आधारित भारतीय सामाजिक व्यवस्था में यह सफलतापूर्वक चल भी पाएगा?

एक वरिष्ठ व्यावसायिक लीडर ने अपना स्वयं का अनुभव टाटा रिफ्लेक्शंस में बताया था। बड़ी संजीदगी के साथ उन्होंने अपनी बात कही थी।

अपने व्यवहार और तौर-तरीकों के बारे में जब मैंने अपने सहकर्मियों और अधीनस्थों की प्रतिक्रिया जानी तो मैं हैरान रह गया। मैं तो सोचता था कि मैं परिस्थिति और संदर्भ के अनुकूल उपयुक्त निर्णय लेता हूँ, जबकि मेरे सहकर्मी और

अधीनस्थ का मानना था कि मैं अपने पूर्व-निश्चित दृष्टिकोण से चिपका रहता हूँ। दूसरे मुझे लगता था कि मैं हर किसी को समान रूप से बोलने का मौका देता हूँ, जबकि मेरे सहकर्मी और अधीनस्थ को लगता था कि बोलने की इच्छा रखने वाले लोग मेरे हाव-भाव से हतोत्साहित होते हैं। मुझे लगता था कि अपने सहयोगियों के किसी विचार से असहमति जताते समय मैं बहुत विनम्रता से अपनी बात रखता हूँ, जबकि इस मामले में मेरे सहकर्मी और अधीनस्थ मुझे जिद्दी और असहिष्णु मानते थे।

कुल मिलाकर यह बात जिसे मैं अपनी खूबी मानता रहा था, वही उन्हें मेरी कमजोरी लगती थी।

मेरी समझ में कुछ नहीं आ रहा था। घर जाकर मैंने सारी बात अपनी पत्नी को बताई। पत्नी ने कहा, 'यह जानने के लिए आपको इतना सब करने की जरूरत ही नहीं थी। इन बातों की ओर तो मैं पहले से ही इशारा करती आ रही हूँ। बस, थोड़ा ध्यान से मेरी बात सुनने और समझने की जरूरत थी। आप यह सबकुछ बहुत आसानी से जान सकते थे।'

बैठक कक्ष में उपस्थित हर कोई जानता था कि निष्पक्ष राय रखनेवाला जीवन साथी (पति हो पत्नी) ही एकमात्र सबसे अच्छा आलोचक है जो अपने जीवनसाथी की कमियों की ओर इशारा करके उसमें सकारात्मक और रचनात्मक बदलाव ला सकता है। अब 'क्लेमेंटाइन मिरर' का आप कितना फायदा उठा पाते हैं, यह आप पर निर्भर करता है। आप इसे गंभीरतापूर्वक लेकर इस पर अमल भी कर सकते हैं और चाहें तो इसे तलाक तक भी पहुँचा सकते हैं।

एक अनूठा फैसला

ऐसा नहीं है कि प्रत्यक्ष फीडबैक का एकमात्र स्रोत महिलाएँ ही हैं। अभी हाल की बात है, सशक्त लोगों के घमंड का एक मामला अदालती फैसले का विषय बन गया।[2]

केंद्रीय रिजर्व पुलिस बल (CRPF) में एक मामूली सिपाही अंगद दास की नियुक्ति के कई वर्ष बाद पता चला कि उसने नकली जन्म प्रमाण-पत्र पेश करके नौकरी पाई थी। प्रभारी अधिकारी ने इस जालसाजी के लिए उसे उपयुक्त सजा देने का निर्णय लिया था।

अभी तक कोई विभागीय कार्यवाही नहीं हुई थी। दास ने सोचा कि क्यों न

अपनी ओर से एक माफीनामा दे दूँ। उसने अतिरिक्त जिला महानिरीक्षक को पत्र लिखा और बड़ी ही विनम्रता से निवेदन किया कि उसे सेना में रहने दिया जाए, क्योंकि उस पर परिवार के भरण-पोषण की भारी जिम्मेदारी है। अदालत ने दास के पत्र से उद्धृत किया-'मैं हाथ जोड़ता हूँ, पाँव पड़ता हूँ और निवेदन करता हूँ कि मुझे अपनी सेवाकाल पूर्ण करने दें। सेवा से निकालने के अलावा मुझे अन्य कोई भी सजा दे दें। मेरे परिवार में सात लोग हैं, जिनका गुजारा मेरे वेतन से होता है। मेरी नौकरी छूट जाने की स्थिति में वे सब भीख माँगने की स्थिति में आ जाएँगे। अपना पेट भरने के लिए वे गलत रास्ता अख्तियार करने को मजबूर हो जाएँगे।'

दास के इस पत्र से विभागीय अधिकारी नाराज हो गए और उसे तुरंत नौकरी से निकाल दिया। इससे यही साबित होता है कि दास का अनुरोध-पत्र ही उसकी नौकरी छूटने का कारण बना। सर्वोच्च न्यायालय के न्यायाधीशों के अनुसार, दया या मानवीय संवेदना की दुहाई देनेवाले इस अनुरोध-पत्र पर प्रशासन ने जो प्रतिक्रिया दिखाई, वह अनपेक्षित है। ऐसा बरताव स्वीकार्य नहीं है।

न्यायालय यह समझ नहीं पा रहा था कि दया के आधार पर सेवा में बने रहने का अनुरोध करने वाले पत्र पर इतनी संवेदनहीन प्रतिक्रिया कैसे हो सकती है? फैसला पूरी तरह से अवैधानिक और अमान्य है। सत्ता में बैठे लोगों को गरीब और असहाय लोगों की समस्याओं की ओर से इतनी आसानी से मुँह नहीं मोड़ लेना चाहिए। सरकारी कामों में घमंड और झूठी शान के लिए कोई स्थान नहीं है।

न्यायालय ने आदेश दिया कि दास के साथ जो नफरत भरा बरताव किया गया, उसके लिए उसे 50,000 रुपए नकद दिए जाएँ और साथ ही पूरा पेंशन लाभ भी दिया जाए।

किसी गलती का इतना प्रत्यक्ष फीडबैक आपको और कहाँ मिलेगा!

गलतियों से सबक

गलतियों से बचना संभव नहीं है। हाँ, यह कोशिश जरूर की जा सकती है कि गलतियाँ कम-से-कम हों। मानवीय संबंधों के मामले में गलतियाँ करना लीडर्स के स्वभाव का हिस्सा है। उनके आस-पास के लोग उन गलतियों को देखते भी हैं, लेकिन वे कोई प्रतिक्रिया नहीं देते।

अगर आप अनजाने में या गैर इरादतन जाल में फँस जाए तो उससे निकलना संभव है, लेकिन सबसे पहले आपको फँसने से बचने की कोशिश करनी चाहिए।

एक मैनेजर को यह पता होना चाहिए कि वह नकारात्मकता के जाल में फँस गया है, अन्यथा वह उसमें से निकल ही नहीं पाएगा। जब कोई नकारात्मक आदत स्थायी बन जाती है तो उससे नेतृत्व क्षमता व कुशलता पर गंभीर नकारात्मक प्रभाव पड़ता है।

दूसरों के अनुभव भी बहुत उपयोगी होते हैं। दूसरों की गलती तो बहुत आसानी से दिखाई दे जाती है, जबकि अपनी खुद की गलती देख पाना बहुत मुश्किल है। इसलिए दूसरों के कैरियर और अनुभवों के माध्यम से आप अपनी स्थिति का विश्लेषण करके उनसे उपयोगी जानकारी ले सकते हैं।

दूसरों के अनुभवों का अवलोकन व विश्लेषण करके आप सीखने की अपनी व्यक्तिगत प्रक्रिया को भी गति दे सकते हैं। जब हम कोई अरुचिकर कार्य कर रहे होते हैं तो हमें हमारी अरुचि के कारण का अंतरज्ञान नहीं होता। सीखने के लिए बहुत जागरूक रहने की जरूरत होती है। यह भी जरूरी है कि आप दूसरे लोगों को समझें और अपने संबंधों व सामाजिक संपर्कों का लाभ उठाएँ। भिन्न-भिन्न स्वभाव व योग्यतावाले लोगों को एक निश्चित लक्ष्य के लिए संगठित करने के साथ अवसर को पहचानकर उसका लाभ उठाते हुए उन्हें आगे बढ़ते रहने की प्रेरणा देने की क्षमता व कुशलता विकसित करना किसी लीडर के लिए अत्यंत आवश्यक है।

आगे आप जो कहानी पढ़ने जा रहे हैं उसने मेरी आँखें खोल दी।

एक दबी आह

कुछ वर्ष पहले की बात है। एक शाम मेरा एक पूर्व सहकर्मी (बी.आर.) अपने बेटे और बहू के साथ मेरे घर आया। वह चाहता था उसके बेटे और बहू को शुभकामनाएँ दें। दोनों (बेटा और बहू) को बोस्टन के एक अच्छे प्रोफेशनल कॉलेज में एडमिशन मिल गया था। बी.आर. के परिवार को इस उपलब्धि पर गर्व था।

मैं और बी.आर. दोनों लंबे समय तक साथ रहे थे। इस दौरान मैं कई बार उसका अधिकारी भी रहा तो कुछ वर्षों तक हम पड़ोसी भी रहे थे। इस प्रकार हमारे पारिवारिक संबंध भी थे। हमने समय-समय पर अपने बच्चों को बढ़ते और अपने पैरों पर खड़ा होते देखा था। लंबे समय तक एक ही कंपनी में काम करने के बाद एक प्रोफेशनल मैनेजर के अपने सहकर्मियों के साथ इसी तरह के दोहरे संबंध बन जाते हैं।

औपचारिक अभिवादन और चाय-पानी के बाद हम अपने बीते दिनों की

यादों में मशगूल हो गए। काम, पदोन्नति अन्य सहकर्मियों से जुड़ी छोटी-छोटी बातें हम याद करने लगे।

अचानक बी.आर. ने चमकती आँखों से मेरी ओर देखा और एक ऐसी बात कह दी, जिससे मैं हक्का-बक्का रह गया। 'सर, बीस साल पहले की बात आपको याद है, जब आपने मुझे और मेरे कनिष्ठों को अपने कमरे में बुलाया था और मेरे द्वारा तैयार किए गए प्रपोजल में गलतियों के लिए मुझे फटकारा था। मेरे कनिष्ठों के सामने आपने मुझे कितनी बुरी तरह डाँटा था। उस समय मैं खुद को बहुत छोटा महसूस कर रहा था, लेकिन मुझे याद है कि इस घटना से मैंने कुछ अच्छे सबक भी सीखे।

मेरी पत्नी काफी समय तक मेरे व्यवहार और तौर-तरीकों का एक मूक आईना बनी रही थी। वह मुझसे अपनी कमियाँ या कमजोरियाँ मनवाने में बहुत ज्यादा कामयाब तो नहीं हुई; लेकिन हाँ, उसके कारण कभी-कभी मैं सोचने के लिए विवश हो जाता था- क्या मैंने अपने सहकर्मी या संबंधी के साथ जो बात की या व्यवहार किया, वह थोड़ा और बेहतर या सकारात्मक नहीं हो सकता था! यह एक ऐसा ही मौका था। सुनकर मैं अंदर तक हिल गया।

पहली बात, मुझे इस घटना के बारे में कुछ याद ही नहीं था। उस घटना से मैं पूरी तरह अनजान कैसे रह सकता था, जिससे बी.आर. के दिल को इतनी चोट पहुँची थी? मेरी पहली प्रतिक्रिया थी कि बी.आर. बात को बढ़ा-चढ़ाकर बता रहे हैं। लेकिन बाद में मैं सोचने लगा कि मेरे अधिकारी भी अकसर उन प्रसगों को भूल जाते थे, जब उन्होंने मुझे किसी गलती के लिए डाँटा होता था। एक बार मैंने अपने पूर्व चेयरमैन को ऐसे ही पुराने अप्रिय वार्त्तालाप की याद दिलाने की कोशिश की थी, लेकिन उन्हें कुछ याद नहीं आ रहा था। वह तो घटना को सच मानने को भी तैयार नहीं थे और आज, ठीक उलटी स्थिति थी। मैं स्वयं घटना को भूल गया था।

दूसरी बात, बी.आर. ने उस घटना का जिक्र कभी नहीं किया था, न शिकायत के रूप में और न ही टीका-टिप्पणी के रूप में। लेकिन वह करते भी तो कैसे? आखिर मैं उनका अधिकारी था। अब न मैं अधिकारी था, न वे मेरे कनिष्ठ थे।

तीसरी बात, यह सब वे मेरे और अपने परिवार की मौजूदगी में कह रहे थे। उनके लिए इसमें परेशान होने की कोई बात नहीं थी, क्योंकि कैरियर में यह सब होता रहता है। लेकिन मेरे लिए तो परेशान होने की बात थी, क्योंकि मेरी छवि पर असर पड़ रहा था।

चौथी और अंतिम बात, इस घटना के बारे में बताते समय उनके चेहरे से बिलकुल नहीं लग रहा था कि वह कुछ याद कर रहे हैं, बल्कि उनके चेहरे पर विनोद का भाव था। मैं परेशान था, लेकिन वह बिलकुल परेशान नहीं लग रहे थे।

मेरी पत्नी कभी-कभी मुझे इशारे-इशारे में कहती थी कि आप लोगों के साथ कड़ाई से पेश आते हैं, हालाँकि वह अनजाने में ही ऐसा कहती थी। इस बार वह कुछ नहीं बोली, लेकिन उसके चेहरे से मुझे लग रहा था कि शायद वह यही कह रही थी कि 'कितनी बार सावधान किया है मैंने आपको!'

बी.आर. के चले जाने के बाद मैं इस घटना के बारे में सोचने लगा। ऐसा नहीं है कि मैं अपनी पत्नी के इशारों को नजरअंदाज कर देता था, लेकिन हाँ, कभी-कभी मुझे उसकी टिप्पणियों पर गुस्सा भी आ जाता था, हालाँकि मैं जानता था कि वह अपनी जगह पर ठीक है।

परंतु मुझे लगता था कि टीम में अनुशासन और काम के प्रति एक निष्ठा लाने के लिए कभी-कभी कठोर रुख अपनाना जरूरी है। संतुलन कैसे हो? क्या संतुलन का कोई आदर्श बिंदु है? कुछ लोग इतने संवेदनशील होते हैं कि थोड़ी सी आलोचना भी बरदाश्त नहीं कर पाते, जबकि कुछ अन्य लोग मोटी चमड़ी के होते हैं जिन पर आलोचना का कोई फर्क नहीं पड़ता।

एक सबक, जिसे मैंने प्रशिक्षण कार्यक्रम के दौरान सीखा था और किताबों में पढ़ा था, वह मेरे पास वापस आ गया था। अगर कोई लीडर असफल होता है. तो इस कारण उसमें तकनीकी योग्यता या कुशलता की कमी नहीं है; बल्कि इस कारण कि परिस्थिति विशेष में खासकर दबाव की स्थिति में उसे उस तरीके से काम नहीं करना चाहिए था, जैसा उसने किया।

व्यवहार और तौर-तरीकों के प्रभाव पर काफी कुछ लिखा बोला जाता रहा है।

ऐसा कैसे हो सकता है कि लीडर को खतरे के बारे में पता हो और फिर भी वह खतरे में पड़ जाए? अगर मनुष्य हर स्थिति में अच्छी या बुरी बिलकुल ठीक-ठीक ढंग से काम करता होता तो इतिहास में कुछ रह ही नहीं जाता। इतिहास की किताबें एक पत्रिका मात्र होती हैं। उनमें कोई रस नहीं होता। अपने कैरियर के दौरान लोग व्यवहार के जिन अवरोधों में अकसर फँसते हैं, उनकी संख्या निश्चित है-अभिमान, स्वार्थ-वृत्ति, कठोरता, अति सतर्कता, अविश्वास और अलगाव। इन अवरोधों और इनके नकारात्मक प्रभावों के बारे में पहले से जानकारी बहुत जरूरी

है।[3] कहते हैं कि योग्य लीडर वे होते हैं जो आपके जूतों को नुकसान पहुँचाए बिना आपके पैरों के अँगूठों को निशाना बना दें।

अपने अधिकारी से प्रताड़ना खाने के बाद बी.आर. के मन में क्या बीती होगी?

मस्तिष्क विज्ञान

हमारे मस्तिष्क के लिए कार्य-स्थल एक सामाजिक व्यवस्था का हिस्सा है। इसलिए कैरियर हम सभी के लिए बहुत महत्त्वपूर्ण है। हमारा आधा जीवन प्रोफेशनल कैरियर में ही व्यतीत होता है।

स्नायु विज्ञान के अनुसार जब व्यक्ति मानसिक रूप से निराशा महसूस करता है तो उसका शरीर तंत्र भी प्रभावित होता है।[4]

मस्तिष्क की क्रिया और प्रतिक्रिया दो अलग-अलग स्थितियों में एक जैसी होती है। जब आपकी पसंद या नापसंद का भोजन आपको सर्व किया जाता है तो आपके मस्तिष्क की प्रतिक्रिया वैसी ही होती है, जैसी किसी के साथ पसंद या नापसंद के अंतर्व्यावहारिक आदान-प्रदान के समय होती है।

जब आपको किसी वजह से डाँटा जाता है या कोई ऐसा काम दिया जाता है जिसे आप हीन समझते हैं तो यह आपके सिर पर चोट मारने की तरह है। आम धारणा के विपरीत मस्तिष्क सामाजिक जरूरतों को सुख या संपन्नता से जोड़कर नहीं, बल्कि जीवनयापन या उत्तरजीविता से जोड़कर देखता है। जैसी लाचारी और निराशा आप भूखे होने या शारीरिक कष्ट की स्थिति में महसूस करते हैं, वैसी ही लाचारी और निराशा आप सामाजिक बहिष्कार की स्थिति में भी महसूस करते हैं।

अप्रिय अंतर्व्यावहारिक बातचीत मस्तिष्क पर उत्तरजीविता-संबंधी प्रभाव छोड़ती है। कोई भी अधिकारी अपने अधीनस्थ पर ऐसा प्रभाव नहीं छोड़ना चाहेगा। इसलिए सफल लीडर को अपने व्यवहार को लेकर कहीं ज्यादा सजग रहने की जरूरत है। क्लेमेंटाइन मिरर अपने स्वभाव व व्यवहार के नकारात्मक पहलुओं और उनके दुष्प्रभावों को जानने का एक प्रत्यक्ष तरीका है।

इसके अलावा फीडबैक जानने का एक अप्रत्यक्ष या अंतर्निहित तरीका भी है, जिसे मैंने 'विक्रमादित्य प्रयोग' का नाम दिया है। इस पर अगले अध्याय में चर्चा करेंगे।

बॉक्स 3.2 : बुनियादी संदेश

1. कठोर अनुभवों से व्यक्ति का चरित्र व स्वभाव बनता है। अनुभव सकारात्मक व नकारात्मक दोनों प्रकार की वृत्तियों को जन्म देते हैं।
2. नकारात्मक प्रवृत्तियों को पूरी तरह से मिटाना बहुत मुश्किल है। हाँ, सजग और संवेदनशील रहकर उनके प्रभावों को कम किया जा सकता है।
3. प्रत्यक्ष फीडबैक के जरिए नकारात्मक प्रवृत्तियों को जाना जा सकता है। सहकर्मी प्रत्यक्ष फीडबैक नहीं देते।
4. सबसे अच्छा फीडबैक देनेवाला आपका शुभाकांक्षी आपका जीवनसाथी ही हो सकता है।

संदर्भ

1. 'अनस्किल्ड एंड अनअवेयर : हाउ डिफीकल्टीज इन रिकॉगनाइजिंग वंस ऑन इनकंपीटेंस लीड टू इंफ्लेटेड सेल्फ एसेसमेंट्स'—जस्टिन क्रूगर एवं डेविड डनिंग, जर्नल ऑफ पर्सनॉलिटी एंड सोशल साइकोलॉजी 77 (6) : 1121–34
2. इंडियन एक्सप्रेस, 20 फरवरी, 2010
3. व्हाई सी.ई.ओ. फेल, डेविड डॉटलिच एवं पीटर कायरो, जोसी बास, 2003
4. 'मैनेजिंग विद ब्रेन इन माइंड', डेविड रॉक, स्ट्रेटजीबिजनेस, ऑटम्न, 2009

□

4

अंतर्निहित फीडबैक

विक्रमादित्य प्रयोग

''जीवन एक बहुमूल्य अवसर है... ऊँचाई पर देखो और ऊँचाई को ही लक्ष्य बनाओ तो तुम ऊँचाई पर पहुँच ही जाओगे।''

—स्वामी विवेकानंद

पिछले अध्याय में हमने चर्चा की है कि किस प्रकार 'क्लेमेंटाइन मिरर' की सहायता से आप अपने व्यवहार व समकक्षों और सहकर्मियों पर आपके व्यवहार के प्रभाव की जानकारी प्राप्त कर सकते हैं। इस तकनीक से आप अपने किसी नकट संबंधी, शुभाकांक्षी या पेशेवर कोच की सहायता से अपने व्यवहार व तौर-तरीकों का मूल्यांकन कर सकते हैं।

इस अध्याय में हम अप्रत्यक्ष या अंतर्निहित फीडबैक की भूमिका पर चर्चा करेंगे। अप्रत्यक्ष फीडबैक या संकेत आप दो तरह से प्राप्त कर सकते हैं। अपने आस-पास के लोगों के प्रति सहानुभूति दिखाकर और दूसरों की बातों को ध्यान से सुनकर। अपने व्यवहार पर अपने सहयोगियों की भावनाओं व विचारों को जानने की प्रक्रिया को मैंने 'विक्रमादित्य प्रयोग' का नाम दिया है। विक्रमादित्य भारतीय इतिहास और पुराण-शास्त्र के एक प्रसिद्ध पात्र हैं (देखें बॉक्स 4.1)।

बॉक्स 4.1 : छद्म वेशधारी राजा

प्रथम शताब्दी ई.पू. में उज्जैयनी के राजा विक्रमादित्य अपनी विद्वता, वीरता और उदारता के लिए प्रसिद्ध थे। वे जानते थे कि जनता प्रत्यक्ष रूप से अपने शासक की आलोचना नहीं करेगी और न ही राज्य की वास्तविक स्थिति के बारे में बताएगी। राज्य के प्रशासन पर जनता की वास्तविक राय जानने के लिए विक्रमादित्य भेष बदलकर नगर के भ्रमण पर निकल गए। अपनी प्रजा के प्रति अपनी अनुभूति जताने का यह उनका अपना तरीका था। पौराणिक कथाओं के अनुसार इस तरह विक्रमादित्य अपने राज्य-संचालन की खामियों के बारे में समय-समय पर जानकारी प्राप्त करते रहते थे और अव्यवस्था उत्पन्न होने से पहले ही उसे दूर करने में सफल हो जाते थे।

समानुभूति की अनुभूति : भावनात्मक कसौटी

समानुभूति की सामर्थ्य मानव स्वभाव का एक हिस्सा है, जो कभी-कभी अन्य प्राणियों में भी देखने को मिलती है।[1] बर्मा (म्याँमार) की घटना है। एक हथिनी अपने 3 महीने के बच्चे के साथ ताउंगद्विन नदी (PPER Taungdwin River) की तीव्र धारा में फँस गई थी। बच्चा जोर-जोर से चिंघाड़ रहा था। देखते-ही-देखते वह धारा के साथ बहने लगा और बहुत दूर चला गया। हथिनी बेतहाशा तैरती हुई उसके पीछे भागी। उसके पास पहुँचकर उसे अपनी लंबी सूँड़ में समेटा और धारा से बाहर खींच लाई।

कीनिया में एक मादा गैंडा अपने बच्चे के साथ जंगल से बाहर निकली। वहाँ जानवरों को पकड़ने के लिए जमीन पर नमक गिराया गया था।[2] नमक चाटते-चाटते गैंडे का बच्चा गहरे दलदल में फँस गया। उसकी माँ ने उसे कीचड़ से निकालने की बहुत कोशिश की, पर सफल नहीं हुई।

तभी हाथियों का एक झुंड वहाँ आया। गैंडे के बच्चे को फँसा देखकर एक हृष्ट-पुष्ट हाथी उसके नजदीक पहुँचा और उसकी ओर अपनी सूँड़ बढ़ा दी। खतरे की आशंका से मादा गैंडे ने हाथी पर हमला कर दिया। लेकिन हाथी अपनी कोशिश में लगा रहा। पशु-स्वभाव के जानकार हैरान हैं कि आखिर हाथी ने गैंडे के बच्चे को बचाने के लिए अपनी स्वयं की सुरक्षा को दाँव पर क्यों लगाया, जबकि मादा गैंडा उस पर हमला कर रही थी। क्या यह संवेदना हो सकती है?

संवेदना या समानुभूति क्या है? क्या इसे सिखाया जा सकता है?

मियामी विश्वविद्यालय के स्कूल ऑफ मेडिसिन में एसोसिएट प्रोफेसर कैरोल

एम. डेविस के अनुसार 'समानुभूति एक आमतौर पर प्रयोग की जानेवाली, परंतु कम व्यापक अर्थों में समझी जाने वाली अवधारणा है।'

समानुभूति या संवेदना सिखाई नहीं जाती। न ही इसे जबरदस्ती थोपा जा सकता है। हम तो बस इसका अहसास कर सकते हैं।

वास्तविक अर्थों में देखा जाए तो समानुभूति को सहानुभूति समझने की भूल ना करें। सहानुभूति वह होती है जिसमें आप किसी दूसरे व्यक्ति की दशा या दुर्दशा को समझते तो हैं, लेकिन आपके मन में उसके प्रति स्वाभाविक संवेदना का भाव नहीं होता। दूसरी ओर समानुभूति में आप व्यक्ति की स्थिति को समझते भी हैं और उसकी पीड़ा को महसूस भी करते हैं।

सन् 1920 के दशक में एक अमेरिकी मनोवैज्ञानिक ने किसी व्यक्ति के द्वारा किसी अन्य व्यक्ति की व्यथा या पीड़ा की नकल उतारने के लिए एक नया शब्द गढ़ा था–'मोटर मिमिकरी'। इसमें ऐसा लगता है मानो नकल उतारने वाला व्यक्ति पीड़ित व्यक्ति (जिसकी नकल उतारी जा रही है) की आंतरिक दुनिया में पहुँच गया हो। इसे ही 'समानुभूति' (empathy) कहा गया है। जब एक व्यक्ति के मनोभाव किसी अन्य व्यक्ति के मनोभावों से मिल जाते हैं तो उसे समानुभूति कहते हैं। इसके लिए व्यक्ति का शांत, सरल व उदार होना जरूरी है (देखें बॉक्स 4.2)।

बॉक्स 4.2 : चैपलिन की खोज

चार्ली चैपलिन की जन्मजात प्रतिभा को उनके स्वभाव में अंतर्निहित समानुभूति की भावना ने उभारा था। चार्ली चैपलिन के जीवन से जुड़ी एक कहानी से पता चलता है कि किस प्रकार समानुभूति की भावना ने उनके कैरियर में महत्त्वपूर्ण भूमिका अदा की है।

सन् 1890 के दशक में बालक चैपलिन अपनी माँ हन्ना के साथ लंदन में रहते थे। हन्ना लंदन के एल्डरशॉट थिएटर में गाकर सैनिकों का मनोरंजन करती थी। नन्हा चैपलिन रोज शाम को उनके साथ थिएटर जाता था। चैपलिन अपनी माँ को स्टेज पर रोज गाते देखकर धीरे-धीरे उनकी भावनाओं को स्वयं महसूस करने लगा था और अपने-आपको उनकी भूमिका में देखने लगा था।

जब चार्ली पाँच वर्ष के थे, तभी हन्ना के गले में बीमारी हो गई और दर्शकों ने उन्हें बुरी तरह हूट किया। इस घटना ने चार्ली को हिला दिया। उन्हें इतना गुस्सा आया कि वह स्वयं स्टेज पर आ गए और उस समय का मशहूर गाना 'जैक जोंस'

(Jack Jones) गाकर दर्शकों को खुश कर दिया। मंत्रमुग्ध दर्शक सिक्कों की बौछार करने लगे। इस प्रकार चार्ली चैपलिन ने अपना ऐतिहासिक कैरियर शुरू किया।

समानुभूति का आपके विगत अनुभवों के साथ निकट का संबंध होता है। यही कारण है कि एक अमीर आदमी जिसने जीवन में कभी गरीबी या अभाव का सामना नहीं किया हो गरीब या गरीबी की स्थिति को कभी नहीं समझ सकता। अगर समझता भी है तो उसका अहसास नहीं कर सकता। जिम स्टोवल (Jim Stovalls) की पुस्तक 'द अल्टीमेट गिफ्ट'(The Ultimate Gift) की कहानी इस पहलू पर प्रकाश डालती है। इसमें एक अमीर आदमी अपनी जायदाद का एक हिस्सा अपने पोते को इस शर्त पर देने को तैयार होता है कि उसे कुछ छोटी-छोटी मौलिक परीक्षाएँ पास करनी पड़ेंगी जिनसे वह समानुभूति का सबक सीख सके।

समानुभूति तब ही उत्पन्न होती है जब आप स्वयं मुश्किल और निराशाजनक स्थिति से गुजरे हों। तब ही किसी पीड़ित व्यक्ति को देखकर आपके मन में वैसे ही भाव उत्पन्न होते हैं जैसे उस पीड़ित व्यक्ति के मन में होते हैं। जब आप सच्ची समानुभूति की स्थिति में पहुँच जाते हैं तो आप जीवन का एक नया, बिलकुल अलग सबक सीख चुके होते हैं। हालाँकि उस स्थिति में पहुँचना बहुत मुश्किल है।

समानुभूति की भावना विकसित करने के लिए व्यक्ति को तर्क-वितर्क और जाँच-पड़ताल की स्वाभाविक प्रवृत्ति से ऊपर उठना पड़ता है। तर्क-वितर्क और झगड़े जैसी बातें अकसर वहीं उत्पन्न होती हैं जब आप अपने भाई-बंधु, रिश्तेदार, जीवन साथी, मित्र या सहकर्मी की भावनाओं को दिल से समझने के बजाय उसके औचित्य को लेकर तर्क-वितर्क करने लगते हैं।

प्रशिक्षु से समानुभूति संबंधी प्रश्न

हर अंत किसी-न-किसी दूसरी घटना की शुरुआत है। बस, उस समय हम उसे जान या समझ नहीं पाते हैं। हमारा जीवन एक नहीं, बल्कि कई-कई बिंदुओं पर एक-दूसरे के जीवन को काटता है।

'द फाइव पीपुल यू मीट इन हैवन' (The Five People You Meet in Heaven) में मिश अलबॉम (Mitch Albom) ने एक 83 वर्षीय योद्धा की कहानी लिखी है। वह एम्यूजमेंट पार्क में काम करते हुए बड़े पहिए के नीचे दबकर

मर जाता है। स्वर्ग में उसे पाँच परिचित लोग मिलते हैं। यहाँ उसे पता चलता है कि उन पाँचों लोगों ने उसके जीवन को किसी-न-किसी तरह प्रभावित किया था, हालाँकि उसे इसका पता नहीं था।

मैनेजरों के साथ भी ऐसा ही होता है। कभी-कभार मिलनेवाले लोग, जिन्हें हम शुभचिंतक की श्रेणी में नहीं रखते, की सलाह भी कभी-कभी बहुत उपयोगी सिद्ध होती है। उनकी बातें बारिश की रिमझिम फुहार की तरह होती हैं, जिससे आपको कोई दबाव महसूस नहीं होता है और न ही वे अपनी उपस्थिति का अहसास करवाती है।

जिस दौरान मैं कोलकाता में पल-बढ़ रहा था, तब वह एक अग्रणी व्यापारिक नगर था। बॉक्सवाला की प्रसिद्ध परंपरा उस समय भी कायम थी। पढ़े-लिखे नौजवान फेयरली प्लेस और ब्रारबॉर्न जैसे क्षेत्रों के दफ्तरों के प्रबंधन प्रशिक्षु की नौकरी के लिए घूमा करते थे। एंड्रिव यूल(Andrew Yule), बॉल्मर लॉरी (Balmer Lawrie), बर्ड एंड कंपनी (Bird and Company) और मार्टिन बर्न जैसी व्यावसायिक फर्में उन दिनों मशहूर थीं, जो आज नहीं रही हैं।

मैं बी.एस.सी. अंतिम वर्ष में था और कॉलेज के छात्रावास में रहता था। सेंट जेवियर्स कॉलेज के प्राचार्य फादर द बोनहोम (Father de Bonhome) ने मुझसे पूछा कि अगर तुम्हें मैककिनन मैकेंजी (McKinnan McKenzie) में प्रशिक्षु की नौकरी मिले तो करना चाहोगे। फर्म अच्छी थी। पूरे कॉलेज से वे दो अभ्यर्थियों का नाम इस नौकरी के लिए भेज सकते थे, जिसका मासिक वेतन 450 रुपए था। मैंने उत्साह दिखाए बिना 'हाँ' कर दी, हालाँकि मन-ही-मन मैं बहुत खुश हो रहा था। पिताजी बंबई में रहने लगे थे। मैंने उनसे भी नहीं पूछा।

मन में ऊँचे-ऊँचे सपने लिए उधार का सूट पहनकर मैं मैककिनन के दफ्तर पहुँचा। मेरा साक्षात्कार हुआ। पहले दो मैनेजरों ने मेरा साक्षात्कार लिया। उसके बाद फर्म के प्रबंध निदेशक मोही दास के पास भेजा गया। उन्होंने मुझसे कई प्रश्न पूछे। मुझे लगने लगा कि मेरा साक्षात्कार अच्छा जा रहा है। वे भी शायद नजदीकी महसूस करने लगे थे। उन्होंने कहा- क्या मैं तुम्हें बेटा कहकर बुला सकता हूँ? मुझे गलत मत समझना; दरअसल अभी तुम मात्र 18 वर्ष के ही हो। तुम्हें नौकरी मिल जाएगी, हम तुम्हें आसानी से प्रशिक्षित भी कर देंगे, लेकिन क्या सचमुच तुम्हें नौकरी की जरूरत है। अपनी पारिवारिक स्थिति के बारे में बताओ। यह बात मुझे थोड़ी बुरी लगी। आखिर इस नौकरी का मेरी पारिवारिक स्थिति से क्या लेना-देना; लेकिन

उन्होंने समझाते हुए कहा– 'मैंने अपना कैरियर जिन परिस्थितियों में बनाया, वे अलग थी। तुम जिन परिस्थितियों में अपना कैरियर बनाने जा रहे हो, वे बिलकुल अलग हैं। मुझे लगता है तुम्हें कोई प्रोफेशनल डिग्री लेनी चाहिए। बेटा, ऐसी नौकरी तो तुम्हें कभी भी मिल जाएगी, बशर्ते तुम्हारी पारिवारिक स्थिति ऐसी न हो कि तत्काल नौकरी करना जरूरी हो।

इतनी अच्छी नौकरी के बारे में वे ऐसी बात कैसे कह सकते हैं और वह भी मेरे सामने? मैं उनकी बातें और नहीं सुनना चाहता था। अपने भविष्य को लेकर मेरा विचार बिलकुल स्पष्ट था और इस बारे में मैं बहुत सारे लोगों से बात नहीं करना चाहता था।

अंत में कुछ सोचकर मैंने नौकरी करने के लिए पिताजी से पूछने का फैसला किया। नौकरी की बात सुनते ही वह एकदम बिफर पड़े और मेरी नौकरी का सपना चूर–चूर हो गया। मैंने आगे की पढ़ाई पूरी की और बाद में हिंदुस्तान लीवर में नौकरी प्राप्त की।

उसके बाद मोही दास से मेरी मुलाकात नहीं हुई। अभी कुछ वर्ष पहले मुझे पता चला कि कुनूर में उनका निधन हो गया है। उन्हें याद दिलाने पर भी शायद यह सब उन्हें याद नहीं आता। अपनी सच्ची समानुभूति दिखाकर उन्होंने मेरे कैरियर के बारे में मुझे तब जो उपयोगी सलाह दी थी, उन्होंने मेरे कैरियर और व्यक्तिगत जीवन दोनों को प्रभावित किया है।

बारिश की रिमझिम फुहार आपके ऊपर पड़ती है और कोई दबाव डाले बिना आपको आनंद देती है, उसी प्रकार अचानक मिलने वाले किसी व्यक्ति से आपको कभी–कभी ऐसी सलाह मिल जाती है जो जीवनभर आपके लिए लाभदायक व उपयोगी साबित होती है। बस, उसे सुनकर उस पर मनन करने की जरूरत है। इसके बाद स्वयं अपना निर्णय लें। खासकर देश की नई पीढ़ी के लिए ऐसी बुद्धिमानी बहुत जरूरी है।

एक अरबी अनुभव से समानुभूति का सबक

समानुभूति का एक और सबक मुझे कोई 20 वर्ष पहले सीखने को मिला था। 6 दिसंबर, 1992 को अयोध्या में बाबरी मसजिद ढहाई गई थी (देखें बॉक्स 4.3)।

बॉक्स 4.3 : दूर का झटका

मैं यूनीलीवर पी.सी.एल. की एक सब्सिडियरी यूनीलीवर अरेबिया में काम कर रहा था। मैं पत्नी और तीन छोटे-छोटे बच्चों के साथ जेद्दा में रहता था। मेरा काम अच्छा था। अरेबियन होम्स के लंबे-चौड़े कंपाउंड में रहना भी खूब अच्छा लग रहा था। जेद्दा में हमारे लिए कुछ सीमाएँ थीं। दिसंबर 1992 के पहले के 18 माह के दौरान हमने वहाँ के अनुसार अपने-आपको ढाल लिया था।

6 दिसंबर, 1992 को टेलीविजन पर जो कुछ देखा उस पर एकदम विश्वास नहीं हो रहा था। अयोध्या में कोई एक लाख लोग जुटे थे। अचानक भीड़ में से कुछ सौ लोगों ने मसजिद पर धावा बोल दिया। वे मसजिद के गुंबद पर चढ़ गए और वहाँ भगवा ध्वज फहरा दिया। गैंती, बेलचे और लोहे की छड़ों से उन्होंने मसजिद का ढाँचा ढहा दिया।

इस अप्रत्याशित घटना को टेलीविजन पर देखने के बाद जेद्दा में जो कुछ हुआ होगा, उसका अंदाजा आप लगा सकते हैं। यह एक हिला देने वाला अनुभव था। चारों ओर चर्चा थी कि भारत के हिंदुओं ने एक पाक मसजिद को गिरा दिया। माहौल तनावपूर्ण था।

जीवन में पहली बार मैंने एक मुसलिम देश में अल्पसंख्यक हिंदू के रूप में खुद को देखा। स्थिति विस्फोटक हो गई थी…मेरे नियंत्रण से बाहर।

दिसंबर 1992 और जून 1993 के बीच मेरे परिवार को कई असामान्य अनुभवों से गुजरना पड़ा। इनसे मुझे समानुभूति के कुछ सबक सीखने को मिले। उससे पहले मैं वहाँ बहुचर्चित 'भारत में मुसलिम असुरक्षित' इस बात को कभी नहीं समझ पाया था। मेरा हमेशा तर्क रहा था कि भारत में मुसलिमों को धार्मिक स्वतंत्रता के साथ-साथ समान लोकतांत्रिक अधिकार, अतिरिक्त संवैधानिक अधिकार और विशेष राजनीतिक लाभ मिले हैं। सिर्फ इस आधार पर कि उनकी संख्या मात्र 10-12 प्रतिशत है यह कैसे कहा जा सकता है कि मुसलिमों को समय-समय पर असुरक्षा की स्थिति का सामना करना पड़ा है?

अयोध्या की दुर्भाग्यपूर्ण घटना के कुछ सप्ताह बाद मेरे पास एक अपरिचित व्यक्ति का फोन आया। उसने अपने-आपको मेरा शुभचिंतक बताया और कहा कि मुझे और मेरे परिवार को तत्काल देश छोड़कर चले जाना चाहिए। हमारी सुरक्षा को खतरा है। उसने बताया कि आज रियाद मसजिद में हुई बैठक में मेरा नाम उन गैर

मुसलिम भारतीय नागरिकों की सूची में शामिल किया गया, जो सऊदी अरब में अच्छा वेतन पा रहे हैं।

सूचना विश्वसनीय लग रही थी। ऐसी सूची तैयार करना कोई मुश्किल काम भी नहीं था। देश के हर वेतनभोगी को एक सरकारी स्वास्थ्य योजना गोसी (GOSI) को कुछ-न-कुछ योगदान अपने वेतन में से देना होता था। गोसी को दिए गए अनुदान के आधार पर व्यक्ति के कुल वेतन का पता लगाया जा सकता था। अफवाह यह थी कि देश में रह रहे गैर-मुसलिम भारतीय यहाँ अच्छा-खासा वेतन ले रहे हैं। वे अपना पैसा एक कट्टर धार्मिक संगठन को भेज रहे हैं जो अयोध्या में बाबरी मसजिद के विध्वंश में संलिप्त रहा है। मैं आगे कुछ पूछ पाता, इससे पहले ही फोन की लाइन कट गई। इस सूचना से सचमुच मैं घबरा गया था, पर हम पति-पत्नी इस तरह डरकर देश छोड़ने को तैयार नहीं थे। यह कोई फर्जी फोन भी हो सकता था। लेकिन मेरी समझ में नहीं आ रहा था कि मुझे क्या करना चाहिए। मैंने यूनीलीवर (Unilever) के डायरेक्टर रॉय ब्राउन से बात की, जो लंदन में थे। उनकी सलाह से ही मैंने ब्रिटिश कौंसिल जनरल (British Consul General) को फोन करके इस फोन कॉल के बारे में बताया। मुझे भारतीय दूतावास से भी संपर्क करना चाहिए था, जो मैंने नहीं किया।

कुछ सप्ताह बाद एक दिन मेरी पत्नी बोली कि कोई आदमी लगातार हमारी कार का पीछा कर रहा है जिसका चेहरा चेकदार कफाया से ढका रहता है। जब हमारा ड्राइवर उसकी कार के पास पहुँचता तो वह अपनी कार आगे बढ़ा देता था, पर वह हमारे आस-पास ही अपनी कार रखता था। इतना नजदीक कभी नहीं आता था कि उससे उसका परिचय पूछा जा सके। यह पूछा जा सके कि आखिर वह हमारा पीछा क्यों कर रहा है। हमारा ड्राइवर भी मुसलिम था जो केरल का रहने वाला था। उसने इस बात की पुष्टि कर दी कि हमारी कार का पीछा किया जा रहा है।

मैं परेशान था। मेरी पत्नी और भी ज्यादा चिंतित थी, क्योंकि अकसर मुझे अचानक लंदन या दुबई के दौरे पर जाना पड़ जाता था। ऐसे में मेरी अनुपस्थिति में अपने बच्चों की सुरक्षा की चिंता होने लगी थी।

यूनीलीवर की हाउस ऑफ बिंजागर (House of Binzagr) के साथ लंबी साझेदारी चल रही थी। मैं नहीं चाहता था कि कोई मुझे डरा हुआ और परेशान समझे। मैंने अपनी साझेदार फर्म के चारों भाइयों में से किसी को भी कुछ नहीं बताया।

एक दिन जब मैं सरकारी दफ्तर में था, मेरी पत्नी का फोन आया। बहुत जरूरी होने पर ही वह मुझे इस तरह फोन करती थी। उस समय सेल फोन का चल नहीं था।

पत्नी ने बताया कि वही आदमी आज सुबह हमारी दोनों बेटियों का पीछा कर रहा था और अब उसकी गाड़ी हमारे घर के बाहर ही खड़ी है। हमारा ड्राइवर उसके पास पहुँचा तो वह आगे नहीं बढ़ा। वह कह रहा है कि मैं किसी का पीछा नहीं कर रहा हूँ, इसलिए बेवजह के सवाल करने की जरूरत नहीं है। मेरी पत्नी तो घर से बाहर निकलने में डर रही थी। उस दिन वृहस्पतिवार था और सप्ताहांत आने वाला था।

वह सप्ताहांत चिंता और उदासी में बीता। बाबरी मसजिद का मसला वैसे तो ठंडा पड़ गया था, लेकिन बंबई में सांप्रदायिक दंगे जारी थे। अखबार और टेलीविजन चैनल वाले इस मुद्दे पर लगातार अपनी टिप्पणियाँ दे रहे थे। कुल मिलाकर माहौल तनावपूर्ण था और ऐसे में अगर कोई पीछा कर रहा हो या आपका नाम किसी मसजिद के संगठन को चिह्नित किया जाए तो अपनी सुरक्षा को लेकर चिंता और भी बढ़ जाती है।

सप्ताहांत के बाद मि. बिंजागर ने गवर्नर और उनके अधिकारियों से मुलाकात की। बात उनके सामने रखी।

वह मसजिद में मेरे नाम के जिक्र के बारे में तो कुछ नहीं बता पाए, लेकिन इतना जरूर बताया कि राजा की मजलिस में एक जन याचिका दायर की थी, जिसमें कहा गया था कि ऊँचा वेतन पानेवाले दस गैर–मुसलिम भारतीय ऐसे हैं जो इसलाम को चोट पहुँचाने में मदद कर रहे हैं, इसलिए उन्हें तत्काल देश से बाहर कर दिया जाए।

संबंधित अधिकारियों ने इसके जवाब में कहा था कि सिर्फ इस आधार पर कि ये दस लोग गैर–मुसलिम हैं यह नहीं माना जा सकता कि ये राष्ट्र–विरोधी या धर्म–विरोधी गतिविधियों में लिप्त हैं। क्या याचिकाकर्ताओं के पास इसका कोई सबूत या शिकायत है? अगर कोई सबूत या शिकायत नहीं है तो प्रशासन सिर्फ इतना कर सकता है कि इन लोगों की गतिविधियों की जानकारी जुटाए और यह पता लगाए कि वे ऐसी किसी गतिविधि में संलिप्त हैं या नहीं। संबंधित प्रांतों के गवर्नरों को निर्देश दे दिए गए थे कि वे इन दसों लोगों की दूर से निगरानी रखें। इस प्रकार प्रशासन एक संभावित मुश्किल स्थिति को उत्पन्न होने से रोक रहा था।

बिंजागर बंधुओं की सलाह पर हमने उस आदमी को नजरअंदाज कर दिया,

जो हमारा पीछा कर रहा था। मई के अंत तक निगरानी बंद हो गई और जीवन फिर से सामान्य हो गया। मई में जब मैं भारतीय राजदूत से मिला, तो वह सारी कहानी से परिचित लगे। उन्हें हैरानी भी हुई कि मैंने भारतीय दूतावास से संपर्क क्यों नहीं किया, जैसा दूसरे लोगों ने किया था।

उस दौरान मेरे घरवालों को यह सब निजी गोपनीयता के खिलाफ लग रहा था। छह महीने तक मेरे घरवालों के मन में जो असुरक्षा की भावना रही, वह हम कभी नहीं भूले पाए। क्यों ? हम एक मुसलिम बाहुल्य देश में अल्पसंख्यक की श्रेणी में थे। मुसलिम जनसंख्या मान रही थी कि भारत में हिंदुओं द्वारा मुसलमानों को सताया जा रहा है। ऐसे में हमारी किसी भी बात या गतिविधि को शक की दृष्टि से देखा जा सकता था। ऐसा नहीं है कि भारत में सभी हिंदू मुसलमानों को सता रहे थे, लेकिन आरोप तो पूरे हिंदू समुदाय पर लग रहे थे।

मेरे मन में समानुभूति की भावना जागी। पहली बार मैं दिल की गहराई से समझ सका कि क्यों भारतीय-मुसलिम अपने आपको असुरक्षित महसूस करते होंगे। तथ्यों और आँकड़ों से इसका कोई लेना-देना नहीं था। यहाँ बात थी जज्बातों की। कुछ लोगों की गलती का असर पूरे समुदाय पर पड़ रहा था।

इस अनुभव के बाद मुझे लगने लगा कि अल्पसंख्यकों के प्रति समानुभूति की भावना रखनी चाहिए।

हेलेन केलर और उनकी शिक्षिका एन्नी सुलिवान की कहानी समानुभूति का आदर्श उदाहरण है (देखें बॉक्स 4.4)।

बॉक्स 4.4 : अंध-समानुभूति

कभी-कभी हम यह समझ नहीं पाते कि अमुक व्यक्ति ने ऐसा क्यों किया। ऐसी स्थिति में समानुभूति की भावना से मदद मिलती है। उदाहरण के लिए, आखिर वह कौन सी बात थी जिसके चलते पं. नेहरू ने अपनी चली-चलाई वकालत छोड़ दी और स्वतंत्रता आंदोलन में कूद पड़े? वह कौन सी बात थी, जिसने मदर टेरेसा को मदर टेरेसा बना दिया ? निश्चित रूप से किसी-न-किसी घटना ने उनके मन में समानुभूति की भावना जगाई होगी। शायद इसे ही 'अंतरात्मा की आवाज' कहते हैं।

हेलेन केलर की कहानी अत्यंत मर्मस्पर्शी है। अपनी शारीरिक अक्षमताओं पर विजय प्राप्त करके उन्होंने जो कुछ कर दिखाया उससे वे सारे विश्व में मशहूर

हो गई। उन्होंने शारीरिक रूप से अक्षम लोगों को खुशहाल बनाने में मदद की। उनकी कहानी दो लोगों के बीच उपजी समानुभूति की भावना से जन्मे रिश्ते का एक आदर्श उदाहरण है।

हेलेर केलर दो वर्ष की भी नहीं थी, तब वे एक गंभीर बीमारी से ग्रस्त हो गई। इससे उनकी आँखों की दृष्टि और आवाज चली गई। वे दुनिया से बिलकुल अलग-थलग हो गई। पाँच वर्ष की उम्र तक वह किसी तरह पली-बढ़ी। उन्होंने स्वयं लिखा है—'खेलने-कूदने में मस्त, अपनी खुशी को जाहिर करने की कोशिश करती थी, किसी बात का उलटा बोलने या विरोध जताने के लिए चीखने की कोशिश करती थी।' जब वह 7 वर्ष की हुई तब उनके पिता ने वोस्टन स्थित परकिंस इंस्टीट्यूशन से संपर्क स्थापित किया, जहाँ विकलांग बच्चों को पढ़ाया जाता था।

हेलेन को पढ़ाने के लिए एन्नी सुलिवान को नियुक्त किया गया। बचपन में एन्नी अपनी दृष्टि लगभग खो चुकी थी, लेकिन एक सर्जरी से उसकी आँखों की कुछ रोशनी वापस आ गई थी। एन्नी को इसलिए आँखों की रोशनी की कीमत मालूम थी, क्योंकि वे स्वयं इस अनुभव से गुजर चुकी थी।

एन्नी और हेलेन के बीच समानुभूति का एक मजबूत रिश्ता बना। एन्नी स्पर्श के माध्यम से हेलेन को अपनी बात समझा लेती थी। धीरे-धीरे हेलेन अलग-अलग वस्तुओं के लिए प्रयोग किए जाने वाले शब्दों को समझ गई और तीन वर्ष में ही उसे वर्णमाला का ज्ञान हो गया। अब वह ब्रेल लिपि में लिख और पढ़ सकती थी।

एन्नी सुलिवान कई वर्षों तक हेलेन केलर के साथ रही। सन् 1904 में हेलेन ने रैडक्लिफ कॉलेज से ऑनर्स के साथ स्नातक डिग्री प्राप्त की और अंधे-बहरे बच्चों का जीवन सँवारने में अपना जीवन समर्पित कर दिया। एन्नी सुलिवान एक योग्य शिक्षिका थीं जिसने दृष्टि और आवाज खो चुकी हेलेन केलर के अंदर की बुद्धि व प्रतिभा को बाहर निकाला और उसे निखारा।

बाद में जब एन्नी सुलिवान की आँखों की रोशनी चली गई तो हेलेन केलर ने उन्हें ब्रेल लिपि सिखाई।

स्व-प्रशिक्षण के लिए जरूरी है ध्यान से सुनना

यह उल्लेखनीय है कि हमें साँस लेना या सुनना कोई नहीं सिखाता। जहाँ तक साँस लेने की बात है, हम स्वयं ही उसके बारे में जान जाते हैं कि किस स्थिति में किस प्रकार साँस ली जाए। सुनने के विषय में बात करें तो इसके सबक कम हैं।

मनुष्य का कान विकास की एक दिलचस्प परिणति है। यह कुछ इस तरह से बना होता है कि मनुष्य भली-भाँति सुन सके। परंतु व्यवहार में शायद हम सुनने का काम बहुत अच्छे ढंग से नहीं करते।[3]

रेंगनेवाले प्राणियों का कान जबड़े से जुड़ा होता है, जिसके दो हिस्से होते हैं—आंतरिक और बाह्य। यही कारण है कि छिपकली खाते समय न तो सुन पाती है और न ही बोल पाती है। स्तनधारी प्राणियों में कान तीन हिस्सों में बँटा होता है, इसमें एक बीच का हिस्सा होता है जो जबड़े से जुड़ा होता है।

स्तनधारी प्राणियों का कान काफी मंद आवाज को सुनने में भी सक्षम होता है। हम मनुष्य सुनने में बहुत ज्यादा कुशल नहीं होते। पति अपनी पत्नी की बात ठीक से नहीं सुनता, अधिकारी अपने अधीनस्थों की बात ठीक से नहीं सुनता और माता-पिता अपने नई पीढ़ी के बच्चों की बात ठीक से नहीं सुनते। ध्यान से सुनना और जो कुछ सुना है, उस पर अमल करना अप्रत्यक्ष फीडबैक का एक महत्त्वपूर्ण पहलू है। कैसे हम सुनने के कौशल में बेहतर हो सकते हैं? लगता है कि बधिरों से हम बेहतर ढंग से सुनना सीख सकते हैं।

ब्रूनो काहने (Bruno Kahne) बधिरों के साथ काम करते थे। वे बधिरों की 'मूक संस्कृति' सीख गए थे। उन्हें पाँच सबक सीखने को मिले जिनसे बेहतर आपसी संबंध बनाने व अंतर्व्यवहार में मदद मिलती है।

व्यक्ति की आँखों में देखें

किसी का भाषण या बात सुनते समय कभी-कभी हम नोट बनाते हैं, ताकि वे बातें हमें याद रहें। कुछ लोग ऐसे भी होते हैं जिनका ध्यान पूरी तरह से वक्ता या उसके वक्तव्य पर नहीं होता। दूसरी ओर, बधिरों में देखा गया है कि वे सीधे वक्ता की आँखों में देखते हैं और सुनिश्चित करते हैं कि वे बातचीत में पूरी दिलचस्पी ले रहे हैं। इस प्रकार वे अपेक्षाकृत ज्यादा ग्रहण कर पाते हैं।

बीच में न बोलें

मैनेजमेंट की कुछ बैठकों और टेलीविजन पर दिखाई जाने वाली चर्चाओं में अकसर कई लोग एक साथ बोलने लगते हैं। बधिर ऐसा कभी नहीं करते। उनके बीच एक बार में सिर्फ एक ही व्यक्ति बोलता है। एक साथ कई लोग बोल रहे हों तो बातचीत का निष्कर्ष निकाल पाना मुश्किल हो जाता है। ऐसी स्थिति में आम

सहमति भी जल्दी नहीं बन पाती। दूसरी ओर, जब सभी लोग एक-एक करके अपनी बात रख रहे हों और एक-दूसरे की बात सुन रहे हों तो बातचीत का निष्कर्ष जल्दी और आसानी से निकालता है।

जो कहना हो, सरलता से कहें

बधिर लोग सीधे बात करते हैं और वे अपने विचारों व भावनाओं के जरिए अपनी बात करते हैं। वे बहुत बनावटी शब्दों का प्रयोग नहीं करते और दूसरों की बात में भी दिलचस्पी लेते हैं।

समझ में न आए तो पूछें

प्रतीक भाषा शाब्दिक भाषा की अपेक्षा ज्यादा विकसित हो रही है। नए-नए प्रतीक चिह्न लगातार विकसित हो रहे हैं। एक क्षेत्र के लोगों द्वारा प्रयोग में लाए जानेवाले प्रतीक चिह्न दूसरे क्षेत्र के प्रतीक चिह्नों से भिन्न हो सकते हैं। इसीलिए बधिरों को यदि कोई बात समझ में नहीं आती तो वे उसे स्पष्ट करने के लिए कहते हैं।

ध्यान दें

बधिर एक साथ कई काम में नहीं उलझते। वे उसी विषय पर ध्यान केंद्रित करते हैं जिस विषय पर बात चल रही होती है। पी.डी.ए. (PDA) और ब्लैकबेरी (Blackberrys) के आ जाने से लोगों को एक साथ एक से ज्यादा काम करने के लिए बढ़ावा मिला है।

ब्रूनो काहने के अनुसार बधिर लोगों से हमें सीखना चाहिए कि किस प्रकार अनावश्यक बनावटीपन से बचते हुए बेहतर ढंग से सूचना का आदान-प्रदान करें।

बॉक्स 4.5 : बुनियादी संदेश

1. चूँकि प्रत्यक्ष फीडबैक या संदेश मुश्किल से मिलते हैं, अत: अप्रत्यक्ष संदेश या फीडबैक ग्रहण करना जरूरी है।
2. समानुभूति अप्रत्यक्ष संदेश या फीडबैक प्राप्त करने का एक अच्छा तरीका है। समानुभूति में आप दूसरे व्यक्ति की स्थिति या भावनाओं को तर्क या नियम कायदे की कसौटी पर कसने की बजाए स्वयं महसूस करते हैं।

3. अप्रत्यक्ष फीडबैक प्राप्त करने का दूसरा तरीका है ध्यानपूर्वक सुनना। सुनना हमें कोई नहीं सिखाता। बधिर लोग जिस प्रकार बात को सुनने की कोशिश करते हैं, उससे हमें सबक मिलता है कि किस प्रकार हम बेहतर ढंग से सुन सकते हैं।

संदर्भ

1. एलीफेंट बिल, जे.एच. विलियम्स, डबल डे, 1950
2. व्हेन एलीफैंट्स वीप, जेफ्री मैसन, एवं सुसन, मैककारथी, विंटेज, 1994
3. 'होली ग्रेल ऑफ इवोल्यूशन', नटाली एंजियर, इंटरनेशनल हेराल्ड ट्रिब्यून, 15 अक्तूबर, 2009
4. 'लेसंस ऑफ साइलेंस,' ब्रूनो काहने, स्ट्रेटेजी बिजनेस, 22 मई, 2008

□

खंड–II

आंतरिक दुनिया

5

भौतिक अहं

आपकी एक ही कार

"हमें 'जवान' ही मरना चाहिए, लेकिन यथासंभव देर से।"

—**एशली मोंतगू** (Ashley Montagu)

मैनेजर या व्यावसायिक लीडर की आंतरिक दुनिया के तीन पहलू हैं जो एक साथ मिलकर यह तय करते हैं कि वह अपने-आपमें क्या हैं? वह अपनी आंतरिक दुनिया में कैसे काम करेगा? पहला पहलू है—भौतिक पहलू, दूसरा है—मनोवैज्ञानिक पहलू और तीसरा है—नैतिक व आध्यात्मिक पहलू।

आइए, भौतिक या शारीरिक पहलू से शुरुआत करें। शारीरिक रूप से चुस्त-दुरुस्त रहना और आवश्यक मात्रा में नींद लेना किसी भी लीडर के लिए अत्यंत आवश्यक है। आजकल हर कोई चुस्त और तेज-तर्रार हो गया है। हर कोई चाहता है कि हर काम जल्दी-से-जल्दी हो।

भौतिक अहं : शारीरिक चुस्ती-फुरती

मुझे नहीं लगता कि एक अस्वस्थ और तनावग्रस्त चीफ एक्जिक्यूटिव अपनी कंपनी के ग्राहकों या निवेशकों पर अच्छा प्रभाव डाल सकता है। ऊँचे जीवन स्तर वाले और अत्यधिक खर्च करने के लिए उकसाने वाले खर्चीले विज्ञापनों से जो एक्जिक्यूटिव प्रेरित होते हैं, उनकी शान और तड़क-भड़क दिखावटी है।

अपने शरीर को चुस्त-दुरुस्त न रख पाने के कई कारण आप गिना सकते हैं। जैसे व्यायाम करने का समय नहीं मिलता, समाज और इष्ट मित्रों के लिए समय निकालना जरूरी है, क्लब की सदस्यता ग्रहण करना कितना मुश्किल है, वगैरह... वगैरह। अगर ये कारण वास्तविक भी हैं तो भी आप कम-से-कम सुबह की सैर पर तो जा ही सकते हैं या योग का सहारा ले सकते हैं।

शरीर को चुस्त-दुरुस्त रखने और व्यायाम करने का समय न निकाल पाने का सबसे बड़ा कारण आलस और लापरवाही है। इस प्रकार की प्रवृत्तियाँ आधा कैरियर बीत जाने के बाद अपना प्रभाव दिखाने लगती हैं।

कैरियर के पहले दस वर्षों में स्वास्थ्य के प्रति लापरवाही शुरू हो जाती है। खेल-प्रेमी खेलना छोड़ देते हैं, नशे से दूर रहनेवाले लोग मद्यपान शुरू कर देते हैं, धूम्रपान न करनेवाले धूम्रपान करने लगते हैं, चुस्त युवाओं को दिनभर आरामकुरसी से चिपके रहने की आदत पड़ जाती है और विद्यार्थी जीवन में हलका भोजन लेने वाले युवा ज्यादा खाने लगते हैं। इन्हीं दिनों में जबकि ज्यादा सतर्क रहने की जरूरत है।

कोलकाता में मैंने बंगाल लॉन टेनिस एसोसिएशन की एक टेनिस कोचिंग स्कीम में नाम लिखवा लिया था। इसके संचालन और देखरेख की जिम्मेदारी दिलीप बोस की थी। वे सन् 1940 के दशक में भारतीय डेविस कप विजेता रहे थे। इससे पहले कि हम रैकेट हाथ में पकड़ते, वह हमें साउथ क्लब टेनिस कोर्ट के चारों ओर दस चक्कर दौड़ाते। सौ बार रस्सी कुदवाते और पचास उठक-बैठक कराते। यह सब करने में हम इतना थक जाते थे कि खेलने की हिम्मत ही नहीं बचती थी।

उनका कहना था कि जब तक हम शारीरिक रूप से चुस्त-दुरुस्त नहीं रहेंगे तब तक हम टेनिस खिलाड़ी बन ही नहीं सकते।

एक दिन दिलीप बोस ने हम सबसे पूछा, 'अगर तुम्हारे पास जीवनभर के लिए सिर्फ एक ही कार हो तो तुम उसकी देखभाल कैसे करोगे?' पचास के दशक के पूर्वार्द्ध की बात करें तो उस समय भारत में एक मध्यमवर्गीय परिवार के लिए कार खरीदना एक स्वप्न था। बार-बार कार बदलने की तो बात छोड़ दीजिए। खैर, उत्तर साफ था। सबने एक स्वर में समान उत्तर दिया।

'तुम्हारा शरीर उसी कार की तरह है, जिसे तुम्हें जीवनभर के लिए सँभालकर रखना है। तुम इसे बदल नहीं सकते, इसलिए कार की तरह ही इसकी देखभाल करो।' दिलीप बोस ने स्पष्ट किया।

एक बच्चे के लिए यह संदेश इतना आसान था कि वह इसे समझ भी सकता था और याद भी रख सकता था। इसका श्रेय दिलीप बोस को ही दूँगा कि बड़ा होने पर मेरा व्यायाम और टेनिस से जो लगाव हुआ, वह मेरे लिए अब तक स्वास्थ्य, चरित्र-निर्माण और आनंद का सतत स्त्रोत बना हुआ है।

पहली बार नौकरी के लिए जब मैं मुंबई गया, तो वहाँ सबसे पहला खर्च हुआ बॉम्बे जिमखाना की सदस्यता। उसके बाद ही मैंने मोटर साइकिल, म्यूजिक सिस्टम वगैरह खरीदे और कभी-कभी होटल में डिनर पर खर्च किया, वह भी ताज में नहीं, बल्कि वार्डन रोड स्थित बॉम्बेली में।

स्वास्थ्य के प्रति सजग लोगों को स्वस्थ और चुस्त-दुरुस्त रहने के लिए व्यायाम करते देखना अच्छा लगता है। मैनेजमेंट का कैरियर व्यस्तता और तनाव से भरा होता है और नए या युवा एक्जिक्यूटिव को इस व्यस्तता या तनाव को बहुत सावधानी से सँभालना चाहिए। कुछ लोगों का दुर्भाग्य होता है कि वे बैठे-बिठाए ही स्वास्थ्य समस्याओं से ग्रस्त हो जाते हैं, तो कुछ लोग ऑफिस के काम में अत्यधिक व्यस्तता के कारण स्वास्थ्य का ध्यान नहीं रख पाते। स्वस्थ और युवा लोगों को तनावपूर्ण सामाजिक आदतें नहीं पालनी चाहिए। शुरू में तो ये आदतें अच्छी लगती हैं, लेकिन दस वर्ष बाद इनके नकारात्मक प्रभाव सामने आने लगते हैं।

यूनिवर्सिटी में जे.के. मेरा टेनिस पार्टनर था। सन् 1960 के दशक में जब मैं पहली बार उससे मिला था, उस समय वह राज्य स्तर का टेनिस चैंपियन था। उसके ग्राउंड स्ट्रोक और स्विंग से मैं बहुत प्रभावित था। चालीस वर्ष बाद जब मैं उससे मिला तो हम दोनों टेनिस के बारे में चर्चा करने लगे। उसने कहा, 'मैंने तो बीस साल पहले ही खेलना छोड़ दिया था। कॉलेज के बाद मुझे इस ओर थोड़ा और ध्यान देने की जरूरत थी। मुझे नियमित रूप से खेलते रहना चाहिए था। कई साल पहले मेरी बायपास सर्जरी हुई, तब मुझे अहसास हुआ कि मैंने भूल की है। मुझे खेलना बंद नहीं करना चाहिए था।

कई युवा एक्जिक्यूटिव इस सोच के साथ जीवन जीते हैं कि अधेड़ावस्था के बाद व्यायाम और आध्यात्मिकता जरूरी है। यह सच है कि व्यायाम और आध्यात्मिकता का महत्त्व अधेड़ावस्था के बाद बढ़ जाता है, लेकिन सच्चाई से मुँह नहीं मोड़ा जा सकता। इसकी शुरुआत जीवन में पहले ही हो जानी चाहिए।

व्यायाम करने का मतलब यह नहीं है कि आप पहलवानी में उतर आएँ। आशय है कि बाहर घूमें और मौज-मस्ती करें, क्योंकि युवावस्था लौटकर नहीं

आएगी। लेकिन साथ ही अपने शरीर की जरूरत और क्षमता को भी ध्यान में रखें। स्वास्थ्य ही वह सबसे बड़ी पूँजी है, जो हमेशा आपके साथ रहती है। इस पूँजी को बढ़ाइए। इसे सँभालकर रखिए। इसे नष्ट मत होने दीजिए। जीवन की शुरुआत इसी पूँजी के साथ तो होती है।

भौतिक अहं : नींद

पत्रकार पेट्रीसिया मौरिसरो (Patricia Morrisroe) ने लिखा है कि निद्रा और अनिद्रा के बारे में हमने काफी कुछ जान लिया है, लेकिन हम आराम के महत्त्व को भूल गए हैं। अनिद्रा एक अजीब बीमारी है, क्योंकि इसका सही-सही पता सिर्फ रोगी को लग पाता है। हमारे पूर्वज रात में इस डर से गुफाओं में एक साथ पड़े रहते थे कि कहीं कोई शेर या भालू आकर उन्हें निगल न जाए। आज हम कीमती और आरामदायक गद्दों पर आराम से लेटे-लेटे दोस्तों को मोबाइल से मैसेज भेजते रहते हैं। जैसा मानवविज्ञानी मैथ्यू वॉल्फमीयर ने लिखा है—'अगर कोई समाज आराम नहीं कर सकता, तो वह सो कैसे पाएगा?'

देर रात तक बाहर रहना, लगातार दौरे पर रहना और विलासितापूर्ण जीवन को सिर्फ फिल्मों और मैगजीनों में सफलता से जोड़कर देखा जा सकता है। यथार्थ जीवन में ऐसी जीवन-शैली तनाव और अनिद्रा को ही जन्म देती है। भरपूर नींद न ले पाने से एक मैनेजर के कैरियर और उसकी कार्यक्षमता पर कितना नकारात्मक प्रभाव पड़ता है-आप शायद विश्वास नहीं कर पाएँगे।

नींद विशेषज्ञों का कहना है कि प्रबंधकीय उत्पादकता व क्षमता को बढ़ाने और उसे बनाए रखने के लिए प्रबंधकों को नींद के महत्त्व और अनिद्रा से होने वाली हानियों के प्रति सजग रहना चाहिए।

युवा मैनेजरों के लिए सप्ताहांत में कम नींद और ढेर सारी मौज-मस्ती चलती है। कुछ एक्जिक्यूटिव कम नींद को अपनी क्रियाशीलता मानने की गलती कर बैठते हैं और बड़े गर्व से लोगों को बताते हैं कि किस प्रकार वे लगातार लंबे समय तक काम करते हैं, किस प्रकार देर रात तक वे सामाजिक गतिविधियों में व्यस्त रहते हैं और किस प्रकार सिर्फ पाँच घंटे सोकर भी उनका काम चल जाता है।

जीवनशैली में अपर्याप्त नींद अच्छा विचार नहीं है। इससे आपकी एकाग्रता और कार्यक्षमता प्रभावित होती है, जिसके बारे में आप जान भी नहीं पाते। इसी प्रकार कुछ लोग अपनी वाहवाही के चक्कर में ऐसा दिखाने की कोशिश करते हैं कि

मेरे छुट्टी ले लेने से ऑफिस का सारा काम रुक जाएगा। यह सब न केवल स्वास्थ्य के लिए, बल्कि निर्णय लेने की क्षमता के लिए भी हानिकारक है।

कभी-कभी जनसंपर्क अधिकारियों और मीडियाकर्मियों को अपनी छवि बनाने के लिए अपने सोने के घंटों में कमी करनी पड़ती है। अलग-अलग लोगों की शारीरिक जरूरत भी अलग-अलग होती है। कुछ वैज्ञानिक या सॉफ्टवेयर विशेषज्ञ और कंपनियों के चेयरमैन ऐसे हैं, जो बहुत कम नींद लेकर स्वस्थ बने रहते हैं। इस प्रकार यह जरूरी नहीं कि सभी की जीवन-शैली और जीवन की जरूरतें एक जैसी हों।

न सोनेवाले या कम सोनेवाले मैनेजर की नियुक्ति उतनी ही मूर्खतापूर्ण है जितना आदतन मद्यमान करनेवाले किसी व्यक्ति को पायलट नियुक्त करना। अध्ययन से पता चला है कि सप्ताह में यदि रोज केवल 4-5 घंटे ही सोए तो इसका असर रक्त में 0.1 प्रतिशत अल्कोहल लेवल के बराबर होता है।

अमेरिका में हर साल नींद पर एक सर्वेक्षण किया जाता है। नेशनल स्लीप फाउंडेशन द्वारा सन् 2008 के सर्वेक्षण में पाया गया कि लगभग 33 प्रतिशत कर्मचारी ड्यूटी के समय या तो ऊँघते हैं या फिर सो जाते हैं। 'कार्यशील व्यक्ति' उसे कहा जाता है जो सप्ताह में 30 घंटे काम करता है। बाजार के लगातार उभरते मानकों के अनुसार किसी एक व्यक्ति द्वारा सप्ताह में 33 घंटे का कार्य बहुत निम्न स्तर में आता है। अब आप ही सोचिए कि जब सप्ताह में 33 घंटे काम करनेवालों को कम नींद या अनिद्रा का इतना असर झेलना पड़ता है तो उनका क्या होता होगा जो सप्ताह में 60-60 घंटे काम करते हैं।

जिस समय आप नींद महसूस कर रहे होते हैं, उस समय आपकी कार्यक्षमता कम हो जाती है। उस स्थिति में आँखों की तीव्रता और याद्दाश्त घट जाती है। थोड़ी देर की नींद ले लेने से आप तरोताजा महसूस करने लगते हैं।

भरपूर नींद लेने के बाद दिमाग और याद्दाश्त तरोताजा हो जाती है। कई बार ऐसी बात भी याद आ जाती है जो अन्यथा याद नहीं आती। इस प्रकार इससे समस्या के रचनात्मक हल में मदद मिलती है। इसीलिए तो कहते हैं—'इस मामले पर रात में विचार करके कल चर्चा करेंगे।'

हारवर्ड मेडिकल स्कूल और बेथ इजरायल डीकोनेस मेडिकल सेंटर, बोस्टन में स्लीप मेडिसिन डिवीजन मनोविज्ञान के एसोसिएट प्रोफेसर रॉबर्ट स्टिकगोल्ड ने अपने अध्ययन में पाया है कि याद्दाश्त से जुड़ी महत्त्वपूर्ण प्रक्रियाएँ सोते समय ही चलती हैं। बीच-बीच में झपकी लेने से मस्तिष्क में इतनी सक्रियता आती है कि

आप ढेर सारी उपलब्ध सूचनाओं में से आवश्यक सूचनाएँ बहुत आसानी से अलग कर लेते हैं। रॉबर्ट स्टिकगोल्ड तो यहाँ तक कहते हैं कि कंपनियों में एक कक्ष अलग से होना चाहिए, कर्मचारी थोड़ी-थोड़ी देर की झपकी ले सकें।[1]

जानवरों को बहुत ज्यादा देर तक सोने की जरूरत नहीं होती। वे थोड़ी-थोड़ी देर की झपकी लेते हैं, लेकिन हम मनुष्यों के साथ ऐसा नहीं है। जिस समय आपको नींद आ रही होती है उस समय मस्तिष्क में नींद के हजारों न्यूरॉन सक्रिय हो जाते हैं और न चाहते हुए भी आपका सारा शरीर ढीला पड़ जाता है। कभी-कभी कुछ सेकेंड के लिए ही ऐसा होता है, लेकिन सोचिए, अगर उस समय आप गाड़ी की ड्राइविंग सीट पर बैठे हों तो?

चार्ल्स सीजलर (Charles Czeisler) हारवर्ड मेडिकल स्कूल में मानव निद्रा चक्र और सोने व जागने की जैविक प्रक्रिया के विशेषज्ञों में एक जानी-मानी हस्ती हैं (देखें बॉक्स 5.1)। अपने अध्ययन में उन्होंने पाया कि शीर्ष स्तर के एक्जिक्यूटिवों के पास इतनी जिम्मेदारियाँ होती हैं कि वे भरपूर नींद नहीं ले पाते। पर्याप्त नींद न लेने से न केवल व्यक्ति का स्वयं का स्वास्थ्य प्रभावित होता है, बल्कि इससे सामाजिक स्वास्थ्य पर भी प्रतिकूल असर पड़ता है।

बॉक्स 5.1 : नींद की वेदना

सीजलर ने नींद से जुड़े चार कारकों की सूची बनाई है, जो व्यक्ति के मस्तिष्क की सक्रियता और एकाग्रता को प्रभावित करते हैं। पहला कारक है जितने समय तक आप जाग रहे होते हैं। उदाहरण के लिए, दिन में जब तक आप काम कर रहे होते हैं उतने समय में आपका शरीर अगले चक्र की नींद के लिए अपने-आपको तैयार करता है। जागने या काम करने के घंटे बढ़ने के साथ अगले चक्र की नींद की जरूरत भी बढ़ती जाती है।

दूसरा कारक, मस्तिष्क को एकाग्र रखने की क्षमता इस बात पर निर्भर करती है कि पिछले कुछ दिनों में आपने कुल कितने घंटे की नींद ली है। सुबह 8 बजे के नाश्ते के साथ अगर आप दिन शुरू करते हैं और रात में 11 बजे डिनर के साथ दिन का समापन करते हैं तो कुछ दिन की ऐसी दिनचर्या आपकी एकाग्रता की क्षमता घटा देती है।

तीसरा कारक है मस्तिष्क तंत्र, जो शरीर को बताता है कि सुबह है या शाम। इसके लिए प्रयुक्त होने वाली तकनीकी शब्दावली है-मस्तिष्क का 'सरकाडियन फेज'। इसका महत्त्व तब और बढ़ जाता है जब आप विदेश की हवाई यात्रा ज्यादा

करते हैं। हवाई यात्रा में अगर आप स्वाभाविक नींद लें या नींद की गोली लेकर ठीक से सो लें तो बहुत अच्छा है, परंतु बार-बार की लंबी यात्रा और एयरपोर्ट से गाड़ी चलाकर सीधे मीटिंग स्थल पर जाना अच्छा नहीं है।

चौथा कारक भी इसी से संबंधित अवधारणा पर आधारित है, जिसे 'नींद की अक्रियता' (Sleep inertia) कहा जाता है। सोते हुए व्यक्ति को पूरी तरह जागने में जो समय लगता है, उसे ही नींद की अक्रियता कहा जाता है। जैसे कार के इंजन को गति पकड़ने के लिए कुछ समय लगता है उसी तरह हमारे मस्तिष्क को भी काम शुरू करने के लिए कुछ समय लगता है।

उम्र भी इसका एक कारक है। ज्यादातर सीनियर एक्जिक्यूटिव 40 से ऊपर की उम्र के होते हैं और इस उम्र तक पहुँचते-पहुँचते उनका शरीर भारी हो चुका होता है और वे बाह्य स्थितियों, जैसे बिस्तर या शोर-शराबा के प्रति वे ज्यादा संवेदनशील हो चुके होते हैं।

नींद की कमी से चुस्ती-फुरती में कमी

प्रकाश ने जिस समय एक बड़ी कंपनी में मिड-कैरियर रंगरूट के रूप में नौकरी शुरू की थी, उस समय उसकी उम्र मात्र 30 वर्ष थी। वह अच्छा पढ़ा-लिखा था। मार्केटिंग का अनुभवी था और स्वभाव से मिलनसार था। यानी उसमें वे सारे गुण थे जो एक कंपनी अपने मार्केटिंग कर्मचारी में देखना चाहती है।

प्रकाश देर रात तक पार्टियों में ड्रिंक का आनंद लेता था। वह दिन भर पूरी मेहनत से काम करता था और देर रात तक पार्टियों में शामिल होता था। वह एक स्वाभाविक व्यावसायिक लीडर और सशक्त सामाजिक शख्स था। वह बड़े गर्व से कहता था कि उसके मैनेजर ऑफिस में उसके सहकर्मी होते हैं, पर शाम को वे ही उसके दोस्त होते हैं। एक योग्य मैनेजर होने के नाते और अपने अच्छे जनसंपर्क के बल पर वह एक लोकप्रिय दोस्त, एक अच्छा अधिकारी और एक अच्छा टीम लीडर बन गया था।

उसके बॉस उसके परिश्रम और कार्य-उत्पादकता की प्रशंसा करते थे, उसके अधीनस्थ उसके स्वभाव के खुलेपन से खुश रहते थे। उसके समकक्षी उसकी सामाजिकता की प्रशंसा करते थे। कंपनी में बहुत जल्दी ही उन्नति करता गया और दस वर्ष में उसकी गिनती शीर्ष स्तर के व्यावसायिक लीडर्स में होने लगी।

धीरे-धीरे उसका शरीर भारी होने लगा और उसकी सक्रियता भी कम होने लगी। उसके शारीरिक बदलावों को देखकर लोग समझ नहीं पाते थे कि यह

स्वाभाविक शारीरिक बदलाव की प्रक्रिया के कारण है या फिर उसकी जीवन-शैली इसका कारण है। लोगों को हैरानी इसलिए होती थी कि उसके पास खूब ऊर्जा थी। अगर पहले उसे कभी-कभार ढीला-ढाला देखा गया होता तो लोग मान लेते कि कल देर रात तक काम किया होगा। सो नहीं पाया होगा। कल तक ठीक हो जाएगा। अब प्रकाश एक बड़ा डिवीजन सँभाल रहा था और बड़े-बड़े फैसले ले रहा था। अब अकसर उसके द्वारा लिए गए फैसले अब गलत साबित होने लगे थे, जिससे कैरियर प्रभावित हो रहा था। अधिकारी के साथ उसके मतभेद शुरू हो गए थे। देखते-ही-देखते डिवीजन में कई अप्रत्याशित समस्याएँ खड़ी हो गई थीं।

उसकी गलतियों और असफलताओं की ओर उसका ध्यान दिलाया जाता तो वह बिफर पड़ता, क्योंकि उसके उसके काम का अब तक का अच्छा रिकॉर्ड रहा है। अंत में उसने वह नौकरी छोड़ दी और दूसरी कंपनी में नौकरी कर ली। नई कंपनी का बॉस शुरू में तो उसकी समझ और अच्छे तौर-तरीकों से बहुत प्रभावित हुआ, लेकिन धीरे-धीरे यहाँ भी वैसी ही समस्या खड़ी हो गई। अब वह तीसरी कंपनी में पहुँच गया।

सोचने की बात है कि क्यों सफल एक्जिक्यूटिव वह काम नहीं करते जिसकी जरूरत हर कोई जानता है। ये है—व्यायाम और भरपूर नींद। मानव स्वभाव इसका कारण है। आज का काम कल पर टालना मानव स्वभाव है। हम अकसर यह सोचकर काम में लगे रहते हैं कि आज की व्यस्तता के कारण होने वाली थकावट कल आराम करके दूर कर लेंगे। इस तरह की टाल-मटोल शोध का विषय है।[3]

शोधकर्ताओं का मानना है कि लोग भविष्य में फायदा देनेवाली बातों जैसे नियमित व्यायाम और बचत के मामले में गैर-यथार्थवादी होते हैं। मन को अच्छी न लगनेवाली बातों को लोग आज निपटा लेने की बजाए कल पर टाल देते हैं।

इसीलिए अच्छी आदतों को सफलता की कुंजी माना जाता है। स्वस्थ और चुस्त-दुरुस्त रहकर ही आप जीवन में सफलता प्राप्त कर सकते हैं।

नदी की तरह बनें

मेरे दोस्त अकसर मजाक में कहते हैं कि कहना जितना आसान है, करना उतना ही मुश्किल है। बात सही भी है। आलस और टालमटोल हमारे स्वभाव का हिस्सा है। लेखक भरत सवूर (Bharat Savur) के अनुसार हमें नदी की तरह बनना चाहिए।[4] यह तो मैं नहीं जानता कि यही सही है या गलत, लेकिन एक बार आजमाकर तो देखा जा सकता है। नदी की तरह।

1. साहस और उत्साह के साथ कार्य की दिशा में आगे बढ़ें।
2. चलते रहें।
3. मार्ग में आनेवाले अवरोधों को पार करें।
4. बाधाओं से डरकर अपना रास्ता न बदलें।
5. अपनी प्रगति की जानकारी रखें।
6. सक्रिय बने रहने के लिए एक सप्ताह का पूर्ण अवकाश रखें।

आइए, देखें टाटा कंसल्टेंसी सर्विसेज (TCS) अपने युवा कर्मचारियों को स्वस्थ और चुस्त–दुरुस्त रखने के लिए क्या करता है।

टी.सी.एस. द्वारा खेल-कूद पर क्यों बल

टाटा कंसल्टेंसी सर्विसेज में लगभग डेढ़ लाख कर्मचारी हैं। उनकी औसत आयु 27 वर्ष है। ज्यादातर कर्मचारी या तो इंजीनियरिंग या मैनेजमेंट की डिग्री प्राप्त हैं, या फिर दोनों। ये खूब काम करते हैं, लंबे समय तक लगातार कंप्यूटर टर्मिनल पर काम करते रहते हैं और महत्त्वाकांक्षी भी हैं।

डेस्क पर काम का बोझ, कंप्यूटर स्क्रीन के सामने लगातार बैठना और आज के प्रतिस्पर्धा वाले परिवेश में उच्च उत्पादकता व गुणवत्ता स्तर को बनाए रखना, इस सबसे युवा एक्जिक्यूटिव पर एक दबाव बना रहता है। सन् 2000 के पूर्वार्द्ध में कंपनी के पदाधिकारियों से कहा गया था कि उन्हें इस मामले में कुछ करना चाहिए। कंपनी ने ऐसे तरीके ढूँढ़ने की कोशिश की, जिनसे कर्मचारियों को स्वस्थ और चुस्त–दुरुस्त रखने के लिए शारीरिक गतिविधियों में हिस्सा लेने की प्रेरणा मिले। कंपनी ने अपने कर्मचारियों को खेल–कूद और आउटडोर गतिविधियों में भाग लेने के लिए प्रोत्साहित करना शुरू कर दिया। यह काम कंपनी के अपने स्वयं सहायता समूह 'मैत्री' ने किया। इसके लिए म्यूजिक और डांस क्लब शुरू किए गए और सामाजिक कार्यों के लिए स्व–सेवा कार्यक्रमों का आयोजन।

कंपनी ने अपनी अधिकांश इकाइयों में जिमखाने शुरू कर दिए और साथ ही टेनिस, स्कवॉश, टेबल टेनिस आदि खेलों की भी व्यवस्था कर दी गई। इतना ही नहीं, क्रिकेट, बॉस्केटबॉल और फुटबॉल जैसे आउटडोर खेलों के लिए भी सुविधाएँ जुटाई गईं। नृत्य और योग के शिक्षक नियुक्त किए गए। ऑफिस परिसर में ही कक्षाएँ चलती थीं और प्राय: एक सत्र के बाद कर्मचारी अपने काम पर वापस आ जाते थे।

इन गतिविधियों के प्रति लोगों में उत्साह भरने के लिए जनसंपर्क और इंटरनेट का सहारा लिया गया। कंपनी ने अपना एक स्पोर्ट्स पोर्टल शुरू किया था, जिस पर खेल संबंधी गतिविधियों, उपलब्धियों और खेल समाचार के साथ-साथ स्वास्थ्य संबंधी जानकारियाँ भी उपलब्ध होती थीं।

टी.सी.एस. ने अपने कर्मचारियों में से प्रतिभाशाली खिलाड़ियों की जानकारी इकट्ठा करने के लिए एक विशेष अभियान शुरू किया। इस प्रकार उसे अपने कर्मचारियों में से राज्य और अंतरराष्ट्रीय स्तर के खिलाड़ी मिल गए जो किसी कारण से अपना स्पोर्ट्स कैरियर छोड़ चुके थे।

आज टी.सी.एस. के सभी ऑफिसों में क्रिकेट, फुटबॉल, बॉस्केटबाल, बैडमिंटन, चेस और टेबल टेनिस की टीमें हैं। कंपनी के लिए गर्व की बात है कि उसके पुरुष और महिला कर्मचारी विभिन्न खेल प्रतिस्पर्धाओं में जीतकर आए हैं।

सन् 2008 और 2009 में टी.सी.एस. ने टाटा ग्रुप द्वारा आयोजित इंटरनल टेनिस टूर्नामेंट जीत लिया था। जबकि कुछ वर्ष पहले तक कंपनी के पास इसकी टीम भी नहीं थी। पूर्व टेनिस चैंपियन, डेविस कपर रमेश कृष्णन द्वारा चेन्नई में और इलियास घौसे (Illyas Ghouse) द्वारा हैदराबाद में टेनिस कार्यक्रम चलाए जा रहे हैं। कंपनी अपने कर्मचारियों के बीवी-बच्चों के लिए वर्ष में एक बार चिकित्सा कैंप भी लगाती है।

दौड़ना एक अच्छा व्यायाम है, खासकर उन युवा साथियों के लिए जो चुस्त-दुरुस्त बने रहना चाहते हैं। कंपनी मुंबई मैराथन की प्रयोजक रही है। कंपनी के सी.ई.ओ. ने पहले वर्ष स्वयं दौड़ में हिस्सा लिया था। इससे दूसरे लोगों को प्रोत्साहन मिला। सन् 2010 में कंपनी के पास लगभग 40 फुल मैराथन धावक और 180 हॉफ मैराथन धावक थे, जो मुंबई मैराथन में हिस्सा ले रहे थे।

इन गतिविधियों से न केवल कर्मचारियों के व्यक्तिगत स्वास्थ्य में सुधार आया, बल्कि इससे उनकी कार्यक्षमता और कार्य की गुणवत्ता में भी सुधार आया। वे स्वस्थ रहेंगे तो आत्मविश्वास बढ़ेगा। वे जहाँ जाएँगे, जहाँ रहेंगे खेलकूद में उनकी योग्यता उनकी सामाजिक प्रतिष्ठा बढ़ाएगी।

खेल और सामाजिक-सांस्कृतिक गतिविधियों से व्यक्ति में उदात्त मानवीय गुणों का भी विकास होता है और वह टीम वर्क, सहयोग, मित्रता का महत्त्व समझने लगता है और उसका सामाजिक स्तर बढ़ता है। कॉरपोरेट जगत् के लोग इसकी शिक्षा के लिए विशेष शिक्षक नियुक्त करते हैं।

वर्तमान में टी.सी.एस. एफ वन (Fv) रेसिंग, मुंबई मैराथन, इंडियन प्रीमियर लीग और नेशनल बॉस्केट बॉल एसोसिएशन के साथ सक्रिय रूप से काम कर रही है। कंपनी का लक्ष्य इसे अपनी विदेशी शाखाओं तक पहुँचाने और देश के भीतर और बाहर खेल प्रतिस्पर्धाएँ आयोजित करने का है, ताकि कर्मचारी आपस में एक-दूसरे के साथ दीर्घकालिक संबंध कायम कर सकें।

बॉक्स 5.2 : बुनियादी संदेश

1. आप कुछ साल तक शरीर के प्रति लापरवाही बरत लें, स्वास्थ्य समस्या और अनिद्रा अचानक ही आपको घेर लेगी।
2. स्वस्थ और चुस्त-दुरुस्त रहने के प्रयास जीवन में जल्दी शुरू कर देना चाहिए।
3. ऐसे कुछ अपवाद देखने को मिलते हैं, जिनमें शारीरिक चुस्ती की कमी या अनिद्रा का बौद्धिक क्षमता पर ज्यादा असर नहीं पड़ता, लेकिन आप यह मान लें कि आप भी ऐसे अपवाद में शामिल हैं।

संदर्भ

1. 'द सिंपलेस्ट वे टू रिबूट योर ब्रेन,' रॉबर्ट स्टिकगोल्ड, हारवर्ड बिजनेस रिव्यू, अक्तूबर 2002
2. 'स्लीप डेफिसिट : द परफॉर्मेंस किलर', चार्ल्स ए. चीजलर, हारवर्ड बिजनेस, रिव्यू, अक्तूबर, 2006
3. 'न्यू ईयर इर्रेजोल्यूशन, द इकोनॉमिस्ट, 2 जनवरी, 2010, www.economist.com/procrastination.
4. 'बी लाइक ए रिवर', भरत सवूर, हिंदू बिजनेस लाइन, 11 दिसंबर, 2009

□

6

स्व-मनोवैज्ञानिक

आपको एक जोरबा चाहिए

''हर थोड़े-थोड़े अंतराल पर थोड़ी देर विराम लीजिए। काम के बीच विश्राम मस्तिष्क की सक्रियता और निर्णय लेने की क्षमता बढ़ाता है। लगातार काम करते रहने से निर्णय लेने की क्षमता प्रभावित होती है।''

—**लियोनार्डो द विंची**

इस अध्याय में 'स्व–मनोवैज्ञानिक' पर चर्चा की गई है।

मनोविज्ञान पश्चिम की उपज है। किसी समस्या या मसले को हल करने का पाश्चात्य तरीका है—उस समस्या या मसले को पहले अलग–अलग खंडों या विषयों में बाँटा जाए, फिर प्रत्येक खंड या विषय का विश्लेषण किया जाए। इस प्रकार के अध्ययन से यह पता चलता है कि अलग–अलग खंड या विषय किस प्रकार काम करते हैं और समग्र व्यवस्था में उनकी क्या भूमिका है। इस जानकारी से हम समझ पाते हैं कि चीजें कैसे काम करती हैं।

पूर्वी परंपरा थोड़ी अलग है। हमारे यहाँ यह जानने पर बल दिया जाता है कि चीजें क्यों काम करती हैं। यहाँ किसी समस्या का हल निकालने के पहले समग्र समस्या या मसले का अध्ययन किया जाता है और फिर उसके अलग–अलग खंडों या विषयों के जुड़ाव का अध्ययन किया जाता है। हम यह मानते हैं कि किसी

समस्या या मसले के विभिन्न पहलू अलग-अलग परिस्थितियों में अलग-अलग भूमिका अदा करते हैं। हिंदू दर्शन में धर्म और सहज ज्ञान को उदात्त ज्ञान के रूप में देखा जाता है, जबकि तर्क और विज्ञान को निम्न स्तरीय माना जाता है। चीनी दर्शन ताओवाद पर आधारित है, जिसका जन्म यिन और यांग के संयोग से हुआ है।[1]

मनुष्य का स्वभाव इतना जटिल है कि इसे समझ पाना मुश्किल है। आनुवांशिक नजरिए से देखा जाए तो सभी मनुष्य एक जैसे होते हैं, लेकिन मनोवैज्ञानिक नजरिए से देखें तो हर व्यक्ति अपने-आप में अलग है। इसी कारण मानव व्यवहार व संबंधों को समझने का कोई सामान्य फॉर्मूला नहीं खोजा जा सका है। बस इतना ही जान पाए कि हर व्यक्ति अपने-आप में अलग होता है।

कुछ ऐसी विरोधी शक्तियाँ होती हैं जो किसी स्थिति विशेष में व्यक्ति की प्रतिक्रिया निर्धारित करती हैं; उन शक्तियों का संतुलन में रहना जरूरी है। इस प्रकार का संतुलन 'जाने दो' की सोच अपनाकर प्राप्त किया जा सकता है। जैसा यूनानी लेखक निकोस कॉजनजाकिस (Nikos Kazantzakis) ने लिखा है—'मैं किसी चीज की आशा नहीं करता हूँ। मैं डरता नहीं हूँ। मैं स्वतंत्र हूँ।'

कॉजनजाकिस उपन्यास 'जोरबा द ग्रीक' का पात्र जोरबा आधुनिक कथा-साहित्य के महान् पात्रों में से एक है। इस उपन्यास पर बाद में एक फिल्म बनाई गई, जिसमें मुख्य किरदार एंथनी क्विन ने निभाया है। यह दो व्यक्तियों के आपसी संबंधों की कहानी है।

उनमें से एक व्यक्ति है 'द बॉस'। इसके पास पैसा है, बुद्धि है और उसका व्यक्तित्व भी अच्छा है। वह लिग्नाइट की खान में काम करता है। उसकी नजर हमेशा पैसे और खुशहाली पर होती है। वह स्वभाव से बहुत अच्छा है, लेकिन बिजनेस मैनेजर की तरह वह अपने-आप में खोया रहता है। वह जीवन का आनंद नहीं ले पाता। वह पढ़ता है, सोचता है, लेकिन मौज-मस्ती नहीं करता।

दूसरा व्यक्ति जोरबा है, जो लिग्नाइट के खनन में उसका सहयोगी है। जोरबा का स्वभाव 'द बॉस' के स्वभाव से बिलकुल अलग है। वह मौज-मस्ती में विश्वास करता है और जीवन के एक-एक पल का आनंद लेता है। कहानी के अंत में जोरबा अपने बॉस से कहता है—बॉस, आपके पास सबकुछ है, बस नहीं है तो पागलपन। व्यक्ति में थोड़ा सा पागलपन भी होना चाहिए, नहीं तो वह जिम्मेदारियों के बंधन से मुक्त होकर कभी आजाद नहीं हो पाएगा। वह बॉस को कुछ समय निकालकर जिम्मेदारियों से मुक्त होकर हँसने-नाचने की नसीहत देता है।

मैनेजर 'द बॉस' की तरह ही होते हैं, वे अपने-आपको बहुत गंभीरता से लेते हैं। उन्हें भी कुछ समय के लिए 'जाने दो' या 'छोड़ो' की सोच अपनानी चाहिए और इसके लिए उन्हें जोरबा जैसे पात्र की जरूरत है। जोरबा जैसा पात्र एक प्रकाश-स्तंभ की तरह काम करता है। आपके भीतर निहित सकारात्मक और नकारात्मक शक्तियों के बीच संतुलन बनाने के लिए आपको अपने अंतर्मन का विश्लेषण करने की जरूरत होती है और इसके लिए आपको एक ऐसे पात्र की जरूरत होती है, जो इसमें आपकी मदद कर सके।

इसके लिए तीन बातें सीखनी पड़ेंगी जो एक मैनेजर के मन में असंतोष और असंतुलन पैदा करती हैं। पहली चीज है, 'अप्रिय स्थिति से निपटना सीखें, अपनी आजीविका में दिलचस्पी लेना सीखें और कुछ समय ऐसा निकालें जिसमें आप जिम्मेदारियों से मुक्त होकर जीवन का आनंद ले सकें।

अप्रिय स्थिति से निपटना सीखें

लगभग हर मैनेजर के लिए तनाव के कारणों की सूची में एक बात जो सबसे ऊपर होती है वह है, कार्यव्यवस्था की गड़बड़ी, खराब फीडबैक, कैरियर में अपर्याप्त प्रगति, गलत पदोन्नति वगैरह-वगैरह। ऐसी स्थिति को पैदा होने से रोकना चुनौती नहीं है, बल्कि इनका मुकाबला और सामंजस्य बैठाना चुनौती है। इसके लिए चिंतनपरक सोच अपनाने की जरूरत है।

करन और गुलाब की कहानी कुछ ऐसी ही है जो हर कंपनी में किसी-न-किसी स्तर पर देखने को मिलती है।

करन और गुलाब दोनों प्रतिष्ठित व्यावसायिक बिजनेस लीडर थे। दोनों अपनी कंपनी में एक उच्चस्तरीय पद के लिए प्रतिस्पर्धी थे। दोनों अपने काम में कुशल थे। दोनों को काम का लंबा अनुभव था। जब उस पद पर नियुक्ति का समय आया तो बोर्ड ने करन को पदोन्नत किया। अब समस्या यह थी कि गुलाब को यह बात कैसे बताई जाए। डायरेक्टरों ने गुलाब के साथ एक मीटिंग की जिसमें गुलाब को उन्होंने अपनी मुश्किल बताई और यह बताया कि क्यों और कैसे करन को उस पद पर बैठाने का निर्णय लिया गया है।

गुलाब की तो जैसे दुनिया ही लुट गई। जिस पद पर पहुँचने के लिए उसने जीवन भर काम किया वह उसे नहीं मिला। उसका गला भर आया, आँखों में आँसू आ गए और कलेजा फटने को आ गया। यह सोच रहा था कि इस कंपनी के लिए

इतने सालों तक इतना सबकुछ करने के बाद वह मिला।

डायरेक्टरों ने आगे कहा, 'हमें जो कहना था, कह दिया । आप समझने की कोशिश कीजिए। आप दोनों में से किसी एक को चुनना हमारे लिए बहुत मुश्किल काम था। भविष्य में हो सकता है कि आपको दूसरा मौका मिले। कृपया कंपनी छोड़ने की बात मत सोचना।'

गुलाब समझदार था। उसे लगा कि इस स्थिति में एकदम फैसला लेने की बजाय चिंतन करने की जरूरत है। उसने डायरेक्टरों के समक्ष अपनी बात रखी—'अपने कैरियर के दौरान, मुझे भी अपने अधीनस्थों में से चुनाव करना पड़ा है और निराश सहकर्मी को विश्वास में लेकर ढाँढस बँधाना पड़ा है। मैं यहाँ अब तक काम करता रहा, क्योंकि मुझे लगता था कि कंपनी निष्पक्ष है। मैं अपनी उस सोच को एकदम नहीं बदल सकता हूँ। हालाँकि इस मामले में आप गलत हो सकते हैं। मुझे लगता है कि आप लोग बड़ी भूल कर रहे हैं। आप मेरी भावनाओं को समझ सकते हैं, इसलिए मैं ज्यादा कुछ नहीं बोलूँगा। आप लोगों ने जो निर्णय लिया वह यथासंभव निष्पक्षता से ही लिया होगा। आपने मुझे जल्दबाजी न करने की सलाह दी, इसके लिए धन्यवाद। मैं अभी कुछ समय तक यहाँ काम करूँगा, उसके बाद सोचूँगा कि आगे क्या करना है।'

गुलाब भावनात्मक रूप से बिलकुल टूट गया था। ऐसी स्थिति में बहुत संयमी व्यक्ति भी संयम खो सकता है। उसके मन में यह बात बैठ गई थी कि कंपनी मैनेजमेंट उसके प्रति भेदभाव कर रहा है। उसे अपने वरिष्ठों के निर्णय में कोई ठोस कारण नजर नहीं आ रहा था। ऐसे में उसकी पत्नी ने जोरबा, यानी प्रकाश-स्तंभ की भूमिका निभाई। उसने घटना का अलग-अलग तरह से विश्लेषण किया, जिसमें से कुछ गुलाब को अच्छे नहीं लगे। उसने कहा कि निष्पक्षता एक धारणा है। उसने अंत में गुलाब से एक प्रश्न पूछा, 'क्या इस कंपनी में आपको अपना भविष्य उज्ज्वल दिखाई देता है।'

सवाल वास्तव में यह नहीं था कि उसके साथ न्याय हुआ या नहीं।

गुलाब ने पत्नी की बात मानी और अब वह मसले को संयमपूर्वक हल कर सकता था। उसने अपने-आपको कंपनी के निर्णयकर्ता पदाधिकारियों के हवाले कर दिया।

वह कंपनी में काम करता रहा, लेकिन जो कुछ हुआ, उससे वह खुश नहीं था। अब वह अपनी खुशियाँ वापस पाने की सोचने लगा। यानी अब वह कहीं और

अवसर की तलाश करने लगा। वह नए जीवन की राह पर चल पड़ा। सबसे बड़ी बात यह है कि उसने अपने पुराने सहकर्मियों के साथ संपर्क बनाए रखा और कंपनी में अपने अच्छे दिनों की यादों के साथ नौकरी छोड़ दी।

अपनी आजीविका से खुश हों

अगर हम अपने काम में और अपने साथ काम करनेवाले लोगों में दिलचस्पी लेते हैं तभी हम जीवन का आनंद उठा सकते हैं। मैनेजरों को अपने काम और कैरियर में दिलचस्पी लेनी चाहिए। अपने काम के दौरान समस्याओं और कठिन लोगों से अगर आपका सामना होता है तो यह भी आनंद का ही हिस्सा है।

'जीवन समस्याओं की एक शृंखला है। आप उन समस्याओं का रोना रोना चाहते हैं या उन्हें हल करना चाहते हैं?' लेखक स्कॉट पेक पूछते हैं।[2]

चूँकि मैनेजरों को काम का दबाव और तनाव लेकर जीना पड़ता है, अतः उन्हें थोड़ी मौज-मस्ती भी करनी चाहिए। मौज-मस्ती तनाव को दूर भगाने का काम करती है।

जाने-माने स्पोर्ट्स लेखक हर्ष भोगले मैनेजमेंट ग्रेजुएट हैं। प्रोफेशनल मैनेजरों को संबोधित करते हुए एक बार उन्होंने कहा था कि मैंने अपने जुनून को अपना पेशा बना लिया है, जबकि ज्यादातर मैनेजर अपने पेशे को अपना जुनून बनाते हैं।

कैरियर के मायने अलग-अलग लोगों के लिए अलग-अलग हैं। कुछ लोगों के लिए यह लक्ष्य या अंत्यबिंदु है। उदाहरण के लिए मुझे कंपनी का सी.ई.ओ. बनना है। कुछ अन्य लोगों के लिए यह अंत्यबिंदु के रास्ते में आनेवाला पड़ाव है। मुझे दो वर्ष के अंदर रीजनल मैनेजर बनना है। और अगले तीन वर्ष में जनरल मैनेजर बनना है। अधिकांश लोगों के लिए यह दोनों रूपों का मिश्रण है, वैसे दोनों ही रूपों में यह मंजिल ही होता है, यात्रा का हिस्सा नहीं।

बुद्धिमानों के लिए काम का आनंद और अनुभव ही कैरियर है। वास्तविकता यही है कि कैरियर कोई मंजिल नहीं, यह तो मंजिल की ओर जानेवाला रास्ता है।

तो आपकी यात्रा कैसी होनी चाहिए?

ऐसी यात्रा जिसमें आपको आनंद आए। आप उसी काम में उत्कृष्टता हासिल कर सकते हैं, जिसमें आपको आनंद आता हो। इसके विपरीत जिस काम में आपको आनंद नहीं आता, उसमें आप उत्कृष्टता नहीं हासिल कर सकते। काम में आनंद आने का मतलब यह नहीं कि काम आसान है या आप उसे करना जानते हैं।

आपको उसी काम में आनंद आएगा, जिनसे आपको एक चुनौती मिलती हो, जो आपको अपनी ओर खींचे और जिससे आपको कुछ-न-कुछ सीखने को मिले। उदाहरण के लिए किसी ऐसे ग्राहक को उत्पाद बेचना जिसे विश्वास में लेना बहुत मुश्किल हो या उत्पादन से जुड़ी किसी समस्या का हल निकालना। आपको इन कामों में आनंद आ सकता है, लेकिन कुछ ऐसे भी लोग हो सकते हैं जिन्हें इन कामों से नफरत हो।

सन् 1980 के दशक में एक युवा मैनेजर डी.एल. ने हिंदुस्तान लीवर के कॉरपोरेट कम्यूनिकेशंस विभाग में नौकरी शुरू की। वह अच्छे स्कूल में पढ़ा था, उसके पास कॉलेज की डिग्री थी, वह होशियार था और इससे पहले कई कंपनियों के साक्षात्कार में सफल हो चुका था। वह एक रचनात्मक लेखक था और एक सफल मैनेजर बनने के उसमें सब गुण विद्यमान थे। लेकिन ऊपर से दिखाई देने वाले गुणों के आधार पर किसी को मैनेजर नियुक्त करना जोखिम भरा काम होता है।

कोई जिम्मेदारी सौंपने से पहले डी.एल. को फील्ड ट्रेनिंग पर रखा गया। उसे 16 सप्ताह तक एक अनुभवी सेल्समैन के साथ रखा गया। इसमें दिन भर दुकान-दुकान जाकर ऑर्डर लाने होते थे। इस ट्रेनिंग का उद्देश्य उसे यह समझाना था कि एक सेल्समैन की दिनचर्या क्या होती है, उसे किन-किन मुश्किलों से गुजरना पड़ता है।

डी.एल. परेशान हो गया। उसे यह सब उबाऊ लग रहा था। वह इस काम को निम्नकोटि का मानता था। कुछ समय के बाद उसके अधिकारी को लगा कि डी.एल. शायद ही एक अच्छा सेल्स मैनेजर बन पाएगा। यानी डी.एल. को एक बार फिर से सोचने की जरूरत थी कि उसे किस काम में मजा आएगा।

हिंदुस्तान लीवर में तब नौकरी करना एक प्रतिष्ठा की बात थी और नौकरी मिलने के बाद अगर उसमें कोई कामयाब नहीं होता तो इसे एक नकारात्मक बात माना जाता था।

डी.एल. मन-ही-मन सोच रहा था कि उसके भीतर से आवाज आई कि हिंदुस्तान लीवर को तो उसने दुनिया को अपनी प्रतिभा दिखाने के लिए ज्वॉइन किया था, साथ में अच्छे वेतन का आकर्षण था। वह इस कैरियर को एक बार आजमाना चाहता था, पर उसे स्कूली छात्रों के साथ समय बिताने, उन्हें ऐसी चीजों के बारे में बताने में ज्यादा मजा आता था जिन्हें वे नहीं जानते थे। वह एक अध्यापक बनना चाहता था।

अध्यापक बनने की अपनी इच्छा के लिए काम करने का मतलब था अपना अच्छा-खासा वेतन छोड़ना और घरवालों व दोस्तों-समकक्षों के बीच अपनी साख खोना, लेकिन वह साहसी था। उसने नौकरी छोड़ दी, जो उस समय की एक प्रतिष्ठित नौकरी थी।

मैं उससे बीस वर्ष बाद मिला। उस समय वह एक प्रतिष्ठित पब्लिक स्कूल का प्रधानाध्यापक था, जो कुछ वह कमा रहा था, वह उस वेतन का मात्र एक हिस्सा भर था, जो इस समय हिंदुस्तान लीवर में उसे मिल रहा होता। लेकिन वह खुश था और स्कूल की नित नई प्रगति में लगा हुआ था। उसने मुझे बताया कि मैंने अपने मन की आवाज सुनी और मैं संतुष्ट हूँ।

डी.एल. की समझ में आ गया था कि कैरियर क्या होता है। ऐसा काम करना, जिसमें आपको आनंद आए।

डी.एल. की समझ में यह भी आ गया था कि यात्रा महत्त्वपूर्ण नहीं होती, बल्कि मंजिल महत्त्वपूर्ण होती है।

फुरसत का समय निकालें

यहाँ बहुत से कैरियर डायनमो उपलब्ध हैं, जिन्हें आप अपने कार्यस्थल के आस-पास कहीं भी देख सकते हैं। ये कैरियर डायनमो कोई और नहीं, बल्कि ऐसे घमंडी मैनेजर हैं जो अपनी इतनी अहमियत जताते हैं कि उन्हें अपने पूरे कैरियर के दौरान अवकाश लेने का मौका ही नहीं मिलता। जब वे सेवानिवृत्त होते हैं, उस समय उनके पास कई-कई हफ्तों की छुट्टी बची रह जाती है। बहुत जरूरी होने पर जब कभी वे ऑफिस छोड़ते भी हैं तो किसी-न-किसी माध्यम से ऑफिस से संपर्क बनाए रखते हैं। जी हाँ, ऐसे भी मैनेजर हैं जो समुद्र पर धूप-स्नान करते-करते या अपने परिवार के साथ थिएटर में घुसते हुए भी मोबाइल के जरिए अपने अधीनस्थों को आदेश के लहजे में काम समझाते रहते हैं। भगवान् ऐसे मैनेजरों का भला करे।

जहाँ तक मेरी अपनी बात है मैंने अपने पूरे कैरियर के दौरान अपनी छुट्टियाँ नहीं छोड़ी हैं। मुझे नहीं याद आता कि एक वर्ष भी मेरे कैरियर का रहा हो, जिसमें मैं छुट्टी पर न गया हूँ। चालीस साल के अपने कैरियर में मैंने कोई पंद्रह अधिकारियों के साथ काम किया और एक भी ऐसा नहीं मिला जिसने मुझे अपनी छुट्टी कैंसिल करने के लिए कहा हो। इन मैनेजरों के बॉस पता नहीं कहाँ से आते हैं! मुझे तो समझ में नहीं आता।

मेरा अपना अनुभव यही कहता है कि आजकल के कॉरपोरेट एक्जिक्यूटिवों के असंतोष के तीन प्रमुख कारण हैं–पक्षपात जैसी स्थिति में स्वयं को सँभाल पाने की असमर्थता, काम में आनंद न ले पाना और अवकाश का समय न निकाल पाना।

तो व्यक्ति को खुशी और संतोष कहाँ से मिलता है?

कैसे होते हैं खुश?

जॉर्ज वैलियंट का प्रसिद्ध लेख 'ग्रांट स्टडी' (Grant Study) खुश और संतुष्ट करने वाले कारकों के व्यापक शोध पर आधारित है।[3] वैलियंट ने सन् 1942–44 के बैच के हारवर्ड यूनिवर्सिटी के 240 प्रतिभाशाली स्नातकों के साथ शुरुआत की थी। कॉलेज के दिनों से लेकर अस्सी की उम्र तक की उनकी गतिविधियों का अध्ययन किया था।

यह एक अत्यंत व्यापक शोध है जिसमें वैलियंट ने अपना पूरा जीवन लगा दिया। अध्ययन में शामिल किए गए अधिकांश लोगों के नाम नहीं दिए गए हैं, लेकिन इसमें जॉन एफ. केनेडी और वाशिंगटन पोस्ट के संपादक बेन ब्रेडली जैसी मशहूर हस्तियों को भी शामिल किया गया था।

इससे अध्ययन का जो निष्कर्ष निकला, वह पूर्वी दर्शन खासकर श्रीमद्‌भगवद्‌गीता का अध्ययन कर चुके किसी भी व्यक्ति के लिए नया नहीं होगा।

निष्कर्ष को चूँकि आधुनिक संदर्भ के साथ प्रस्तुत किया गया है, अतः वह और भी दिलचस्प हो जाता है।

'क्या चीज है जो लोगों को खुश बनाती है? इस प्रश्न का एक व्यावहारिक उत्तर है। वह कौन सी बात है, जो उम्र बढ़ने के साथ भी लोगों का काम और प्रेम-व्यवहार के प्रति लगाव बनाए रखती है?

वैलियंट ने ऐसे 7 कारकों का उल्लेख किया है, जो उम्र बढ़ने के साथ-साथ शारीरिक और मानसिक दोनों रूपों में संतुष्ट जीवन बिताने में मदद करते हैं। उनमें से दो कारक तकनीकी है, जिनका स्पष्टीकरण आवश्यक है। वे दो कारक हैं–परिपक्व अनुकूलन अथवा समायोजन का प्रयोग और स्थायी संबंध-निर्माण। इन दोनों कारकों को सकारात्मक गुणों की ऐसी सूची में रखा गया है, जिनका विकास किया जाना चाहिए।

परिपक्व अनुकूलन का अभिप्राय मुश्किल स्थिति में जरूरत के अनुसार अपने-आपको ढालने से है। अगर आपका बॉस आपके काम से खुश नहीं है तो

आपको उसके अनुसार स्वयं को ढाल लेना चाहिए। समायोजन का आपका तरीका काम के अनुभव के साथ-साथ बदलता है। इस प्रकार, काम के अनुभव के साथ-साथ आपके समायोजन के तरीके में भी परिपक्वता आती है।

कुछ स्थितियाँ ऐसी होती हैं जिनका सामना आपको स्वाभाविक रूप से करना ही पड़ता है। उनसे बचने या उनके अनुसार स्वयं को ढालने के लिए आप जो तरीके अपनाते हैं, उन्हें ही अनुकूलन कहा जाता है। जीवन में जैसे-जैसे हम परिपक्व होते जाते हैं, वैसे-वैसे हमारे अनुकूलन में भी परिपक्वता आती है। 'परिपक्व अनुकूलन' से वैलियंट का यही अभिप्राय है। कई बार बढ़ती उम्र के साथ लोग अपने अनुकूलन में परिपक्वता नहीं ला पाते। ऐसे लोग कम ही खुश रह पाते हैं।

वैलियंट ने संबंधों के महत्त्व के बारे में भी लिखा है कि माता-पिता से लेकर पत्नी-पति, भाई-बहन, मित्र और शिक्षक सभी के साथ हमारे संबंध अच्छे होने चाहिए। 65 वर्ष की उम्र में भी जो लोग खुश देखे गए, उनमें से 93 प्रतिशत ऐसे थे जो अपने किसी भाई-बहन के करीब रहे थे। 'जीवन में सबसे महत्त्वपूर्ण बात यही है कि आपके दूसरे लोगों के साथ संबंध कैसे हैं'।

बढ़ती उम्र के कारण होने वाले शारीरिक व मानसिक बदलावों में संतुलन बनाए रखने के लिए पाँच बातें जरूरी हैं—अच्छी शिक्षा, धूम्रपान व मद्यपान से दूर रहना, नियमित व्यायाम करना और शरीर का वजन संतुलित बनाए रखना। आश्चर्यजनक है कि इस सामान्य सत्य की पुष्टि के लिए दशकों के अध्ययन की जरूरत पड़ती है। दरअसल, मैनेजरों की स्वाभाविक प्रवृत्ति ही है कि वे जिस बात को जानते हैं, उसे अमल में नहीं लाते। इसीलिए पिछले अध्याय में ये सब एक सबक की तरह प्रतीत होते हैं। सच है कि आपका शरीर आपके लिए आपकी एकमात्र कार है, जिसे बदलने का कोई विकल्प आपके पास नहीं है।

'प्रसन्नता' एक नवीन बहुचर्चित शब्द है।[4] मसलन पुरुष महिलाओं की अपेक्षा ज्यादा खुश नहीं हैं और गरम जलवायु में रहनेवाले लोग ठंडी जलवायु में रहनेवालों की अपेक्षा ज्यादा खुश नहीं हैं। इसी तरह, खूबसूरत लोग अन्य कुरूप लोगों से ज्यादा खुश रहते हैं और सफल लोग असफल लोगों से ज्यादा खुश रहते हैं। प्रसन्नता पर पुस्तक लेखन और सेमिनारों का आयोजन आज एक अच्छा-खासा व्यवसाय बन गया है। लेकिन यह सबकुछ सामान्य ज्ञान की ही बात है।

लेने के बजाय कुछ देने में निहित है प्रसन्नता, परोपकार में निहित है प्रसन्नता,

मनपसंद जीवनसाथी में निहित है प्रसन्नता और अपने भाई–बंधुओं के साथ जुड़े रहने में निहित है प्रसन्नता।

बॉक्स 6.1 : बुनियादी संदेश

1. संतुलन अपने अस्तित्व के मनोवैज्ञानिक पहलू को समझने की कुंजी है। संतुलन दो परस्पर विरोधी माँगों या इच्छाओं में होता है।
2. जीवन में जोरबा जैसा कोई पात्र हो तो बहुत सी मुश्किलों से बचा जा सकता है।
3. पक्षपात की समस्या लगभग हरेक कैरियर में देखने को मिलती है।
4. अपने काम में आनंद न ले पाना भी कैरियर की एक समस्या है।
5. काम से फुर्सत का समय न निकाल पाना कैरियर की तीसरी समस्या है।
6. प्रसन्न रहने के लिए स्थिति के साथ परिपक्व अनुकूलन और अपनों से संबंध बनाए रखना जरूरी है।

संदर्भ

1. द ताओ ऑफ फिजिक्स, फ्रिट जॉफ कापरा, फोंटाना, 1976
2. द रोड लेस ट्रैवल्स, एम. स्कॉट पेक, हचिंसन, 1983
3. 'व्हाट मेक्स अस हैपी,' जोशुआ वोल्फ शेक, द अटलांटिक, जून 2009
4. 'ए बेसिक ह्यूमन प्लेजर,' निकोलस डी. क्रिस्टॉफ, इंटरनेशनल हेराल्ड ट्रिब्यून, 18 जनवरी, 2010

□

7

नैतिक एवं आध्यात्मिक अहं

दूरी नहीं, दिशा

> ''सिद्धांतविहीन राजनीति, कर्मविहीन धन, भावनाविहीन आनंद, चरित्रविहीन शिक्षा, नैतिकताविहीन व्यापार, मानवताविहीन विज्ञान और त्यागविहीन पूजा से सदैव बचकर रहें।''
>
> —महात्मा गांधी

अधिकांश मैनेजर सोचते हैं कि जल्दी-जल्दी तरक्की का रास्ता कैसे बनाया जाए। अधिकारी को खुश करके अपने सहकर्मियों पर धाक जमाई जाए। कैसे ज्यादा पैसा कमाया जाए। मैनेजमेंट की दुनिया प्रतिस्पर्धाओं से भरी पड़ी है। अत: अगर आप सोचते हैं कि इन सब बातों के बारे में आपको भी सोचना चाहिए, तो आप ठीक हैं, लेकिन बस, आंशिक रूप से ही।

प्रश्न यह उठता है कि कैरियर का लक्ष्य सिर्फ आगे बढ़ना है या सही दिशा में बढ़ना है। कैरियर में इन दोनों ही पहलुओं को लक्ष्य बनाकर बढ़ना चाहिए, हालाँकि कभी-कभी किसी एक का चुनाव करना जरूरी हो जाता है।

गोल्फर आपने देखे होंगे। कुछ गोल्फर खूब बड़ा क्लब लेकर टी. बॉक्स पर खड़े होते हैं और पूरी ताकत लगाकर गेंद को उछालते हैं। वे गेंद को बहुत तेजी से टप्पा खाकर आगे बढ़ते देखना चाहते हैं। कुछ देर बाद जब उनकी नजर गेंद पर पड़ती है तो वे कभी खुद को तो कभी गेंद को कोसते हैं। गेंद ऐसी जगह पर होती

है जहाँ से अगला शॉट खेलना मुश्किल है। दूसरे गोल्फर सोच-समझकर और सही अनुमान लगाकर शॉट मारते हैं, ताकि गेंद वहीं जाकर गिरे जहाँ वे चाहते हैं और वे अगला शॉट आसानी से खेल सकें। उनके लिए दूसरा शॉट भी उतना ही महत्त्वपूर्ण होता है, जितना पहला शॉट। खेलने के दोनों ही तरीके ठीक हैं। कुशल गोल्फर शॉट मारते हैं तो गेंद दूर तक गिरती है और उसी जगह पर गिरती है जहाँ वे चाहते हैं, लेकिन सारे क्लब गोल्फर इतने कुशल तो नहीं होते।

कैरियर का उद्देश्य होना चाहिए आपके भीतर मौजूद संभाव्यता को पूरी तरह से उभारना, चाहे आप कंपनी के चेयरमैन हों या फिर असिस्टेंट हों। अपने काम से आपको संतुष्टि तभी मिलेगी, जब आपका अपने सहकर्मियों के साथ विश्वासपूर्ण और दोस्ताना रिश्ता हो। मैनेजर के लिएं यह बहुत जरूरी भी है (देखें बॉक्स नं. 7.1)। यह तो सब जानते हैं कि प्रबंधन का काम कोई भी व्यक्ति अकेले नहीं कर सकता। दोस्ती और सहयोगपूर्ण रिश्तों के बल पर ही कोई मैनेजर अपने कैरियर के मार्ग पर आसानी से आगे बढ़ सकता है।

बॉक्स 7.1 : अद्भुत मित्र

फ्रैंक कापरा की अत्यंत दिलचस्प फिल्म है 'इट इज ए वंडरफुल लाइफ'। इस फिल्म में जेम्स स्टीवार्ट और डोना रीड ने मुख्य भूमिका निभाई है। यह एक ऐसे व्यक्ति की कहानी है जो अपनी असफलताओं से निराश आकर आत्महत्या करने का मन बना लेता है।

उसे ऐसा करने से रोकने के लिए एक फरिश्ता आता है। फरिश्ते देखता है कि उस व्यक्ति में आत्मसम्मान की कमी है और उसके मन में हीन भावना है। उसे लगता है कि उसके दोस्त और रिश्तेदार उसे अहमियत नहीं देते। फरिश्ता उसे अदृश्य रूप में अपने साथ ले जाता है। उसके दोस्तों और रिश्तेदारों की बातें उसे सुनाता है। सुनकर वह हैरान रह जाता है कि उसके दोस्त और रिश्तेदार उसे बहुत चाहते हैं। वह सोचने लगता है कि कैरियर और काम-धँधे में असफलता के कारण वह आत्महत्या क्यों कर रहा था। अपनों से मिलनेवाला प्रेम हावी हुआ तो वह खुद को धन्य समझने लगता है।

आशय है कि जिस व्यक्ति के पास दोस्त है वह कभी असफल नहीं होता।

जी हाँ आपके कैरियर में भी यही होता है। आप अपनी सफलताओं की तरह असफलताओं को भी गंभीरता से लेते हैं, जबकि दूसरे लोग आपकी सफलता या असफलता को उतनी गंभीरता से नहीं लेते। उनके पास दूसरे काम भी हैं।

दार्शनिकों के अनुसार विचारणीय प्रश्न यह है कि जब आप मर जाएँगे, उस समय आपकी अर्थी के साथ कौन जाएगा। जब कोई लोकप्रिय व्यक्ति मरता है तो बहुत सारे लोग उसकी अंतिम यात्रा में शामिल होते हैं। ऐसा वे उस व्यक्ति के प्रति अपने भावनात्मक लगाव के कारण करते हैं। जब कोई अमीर या प्रभावशाली व्यक्ति मरता है तो उसकी अंतिम यात्रा में भी बहुत सारे लोग शामिल होते हैं, उनमें से कई ऐसे होते हैं जो केवल अपनी उपस्थिति दर्ज कराने के लिए आते हैं।

जॉन हंट्समैन ने सन् 1970 में केमिकल फर्म हट्समैन कॉरपोरेशन स्थापित की थी। तीस वर्ष में उन्होंने इसे दुनिया की सबसे बड़ी प्राइवेट केमिकल कंपनी बना दिया। एक पुस्तक में उन्होंने उन मूल्यों व आदर्शों के बारे में लिखा है जो उसके व्यवसाय की पृष्ठभूमि बने।[1] उन्होंने चार्ल्स मिलर स्मिथ के बारे में एक कहानी लिखी है जो मेरे कैरियर के शुरुआती दौर में यूनीलिवर के डायरेक्टर थे।

सन् 1999 में हंट्समैन कॉरपोरेशन और आई.सी.आई. के बीच आई.सी.आई. के स्वामित्व की एक केमिकल इकाई की खरीद-फरोख्त को लेकर बातचीत चल रही थी। आई.सी.आई. पर कर्ज का भारी बोझ था, जिससे उबरने के लिए सी.ई.ओ.चार्ल्स को अच्छी कीमत की जरूरत थी, पर हंट्समैन कॉरपोरेशन के जॉन हंट्समैन के पास भी रकम सीमित थी। यह गंभीर बातचीत दोस्ताना माहौल में चल रही थी।

80 प्रतिशत सौदा तय हो गया तब जॉन की टीम को लगने लगा कि 200 मिलियन डॉलर की राशि वे कीमत में से निकाल लेंगे। तभी जॉन को पता चला कि चार्ल्स की पत्नी कैंसर की मरीज हैं, इस कारण चार्ल्स परेशान हैं। सौदा तय होता, इससे पहले ही चार्ल्स की पत्नी का निधन हो गया।

जॉन हंट्समैन ने सौदे को यथावत रखने का सकारात्मक फैसला लिया। हालाँकि इससे 200 मिलियन डॉलर का नुकसान हो रहा था। उन्हें लगा कि चार्ल्स की मजबूरी का फायदा उठाने से मन को संतोष नहीं मिलेगा। जॉन के अनुसार वे और चार्ल्स इसके बाद जीवनभर के दोस्त हो गए।

यह एक सामान्य सत्य है। अगर आप सही दिशा में आगे बढ़ते हैं तो गति में तेजी तो स्वयं ही आ जाएगी।

प्रशंसा के लिए काम न करें, काम से प्रसन्नता प्राप्त करें

युवा मैनेजरों को सिखाया जाता है कि उन्हें स्वयं अपने कैरियर की जिम्मेदारी

लेनी चाहिए। अपनी इच्छा और उद्देश्य के अनुसार योजना बनानी चाहिए। उन्हें तय करना चाहिए कि कब और कौन से मील के पत्थर पर पहुँचना है, परंतु यथार्थ में यह बिलकुल अलग मुद्दा है। कई बातें आपके नियंत्रण में नहीं होतीं। इसका यह अर्थ नहीं कि सारी योजना व्यर्थ जाती है, लेकिन हाँ, इससे कुछ असमंजस की स्थिति जरूर उत्पन्न हो जाती है।

आपके कैरियर का लक्ष्य आपके संकल्प और इच्छा का ही प्रतिलेख है। आपकी कंपनी जिसके लिए आप काम करते हैं, आपके अधिकारी की दृष्टि में आपके काम का मूल्य, आपकी संभाव्यता या योग्यता पर आपके वरिष्ठों की राय, आगे आने वाले अवसर आदि से कैरियर प्रभावित होता है। आपकी अपनी योजना का तो एक सीमित प्रभाव ही होता है।

एक बार इस यथार्थ को समझ लेने और स्वीकार कर लेने के बाद अच्छा काम करने के बजाय काम को आप अच्छे ढंग से करना शुरू कर सकते हैं। इसमें एक अंतर है।

ठीक-ठीक काम करने का अर्थ है प्रत्येक कार्य या पहल के लिए वांछित परिणाम की योजना बनाकर काम करना; जबकि काम को ठीक से करने का अर्थ है यथासंभव प्रयास करना और तदनुसार परिणाम की अपेक्षा करना। एक कहानी मुझे बहुत अच्छी लगती है जो किसी के भी अनुभव की कहानी हो सकती है। इसके पहले अपनी पुस्तक 'द केस ऑफ द बोंसाई मैनेजर' में भी मैंने इस कहानी का उल्लेख किया है। यहाँ मैं उसे दोहराना चाहता हूँ। यह अमेरिका के एक जाने-माने और समकालीन बिजनेस लीडर की कहानी है।

दवे एक बड़े अमेरिकी निगम के चेयरमैन हैं। जब मैं उनसे मिला तो उन्होंने मुझे अपनी कैरियर यात्रा सुनाई।

कोई 25 वर्ष पहले वह जनरल इलेक्ट्रिक में अकाउंटेंट थे। चेयरमैन जैक वेल्श के प्रति उत्तरदायी चीफ फाइनेंशियल ऑफिसर के नीचे तीसरे स्तर के पद पर वह काम कर रहे थे।

कंपनी की वार्षिक बिक्री और मुनाफे और हर देश और हर व्यावसायिक इकाई के अलग-अलग फॉरवर्ड प्रोजेक्शन के दस्तावेज तैयार करना दवे की जिम्मेदारी थी।

इसमें बड़ी-बड़ी संख्याओं का हिसाब-किताब रहता था। युवा दवे की समझ में नहीं आ रहा था कि इसका क्या उपयोग हो सकता है। अपने वरिष्ठ मैनेजरों से

उन्होंने इसकी उपयोगिता के बारे में पूछा, लेकिन जवाब में उन्हें अपने काम से मतलब रखने को कहा गया। वह सोचने लगे कि कई वर्षों से यह स्टेटमेंट तैयार किया जा रहा था, तो क्या इसलिए यह काम जारी रहना चाहिए?

चेयरमैन जैक वेल्श कंपनी की परंपरागत नौकरशाही व्यवस्था को खत्म करने की कोशिश कर रहे थे। बदलाव के उनके व्यापक अजेंडा के कारण कंपनी में उसे 'न्यूट्रॉन' कहा जाने लगा था। एक दिन उन्हें यह जटिल स्टेटमेंट मिला, जिसमें पाँच वर्ष की बिक्री और मुनाफे का लेखा-जोखा था।

चेयरमैन भड़क गए। उसने दवे को बुलवाया जो 'यह कूड़ा बना रहा' था। दवे डरा-सहमा उसके पास आए। घबराहट में उसे कोई जवाब नहीं सूझ रहा था। 'तुम जैसे स्मार्ट लड़कों को यह काम नहीं करना है'—इस घुड़की के साथ उसे वापस भेज दिया गया। दवे को स्पष्ट निर्देश मिल गए कि अब उसे स्टेटमेंट नहीं तैयार करने हैं।

दवे की समझ में नहीं आ रहा था कि उसके वरिष्ठ मैनेजरों ने उसके प्रश्न को नजरअंदाज क्यों कर दिया था, जबकि चेयरमैन ने वही किया जो वह सोच रहा था। आप भी अपने कैरियर में ऐसे अनुभव से गुजरे होंगे।

कुछ महीने बाद एक रिशेप्शन में चेयरमैन ने कंपनी के अन्य पदाधिकारियों के बीच दवे को मँडराते देखा। उसने दवे को बुलाकर पूछा कि उसने वह बेकार का स्टेटमेंट बनाना बंद किया या नहीं। तभी वहाँ उपस्थित एक वरिष्ठ पदाधिकारी बोल पड़ा कि दवे ने पहले ही इस स्टेटमेंट की उपयोगिता पर प्रश्न उठाया था। चेयरमैन ने आश्चर्य से कहा 'लेकिन पहले आपने नहीं बताया।'

इसके कुछ ही सप्ताह बाद दवे के बिग बॉस यानी सी.एफ.ओ. ने दोहरा प्रमोशन दिया और चेयरमैन के दबाव में अपनी टीम को कमजोर न होने देने के उसके साहस की प्रशंसा की। निस्संदेह दवे बहुत काबिल थे। इस अप्रत्याशित घटनाक्रम से दवे कंपनी के सारे स्टाफ की नजर में आ गए, जबकि उन्होंने स्वयं ऐसी कोशिश कभी नहीं की थी। चरित्र किसी भी व्यक्ति के कैरियर में अत्यंत महत्त्वपूर्ण भूमिका निभाता है। जी.ई. में दवे ने काफी तरक्की की और बाद में वह किसी अन्य कंपनी का चेयरमैन बन गए।

प्रशंसा पाने के लिए काम नहीं करें, बल्कि अपने काम से प्रशंसा प्राप्त करें। अतः जब भी आप अच्छा काम करने की बजाय काम को अच्छे से करने की कोशिश करे, तब याद रखें कि चरित्र उतना ही महत्त्वपूर्ण है जितना कि योग्यता।

दुनिया में योग्य लोगों की कमी नहीं है, लेकिन चरित्रवान मैनेजर कम ही मिलते हैं।

जैसा नेतृत्व चाहते हैं, वैसे नेता भी बनें

एक महत्त्वपूर्ण सीमा, हर मैनेजर को अपने कैरियर में पार करना पड़ती है। यह है कार्यकारी मैनेजर की भूमिका से आगे बढ़कर एक लीडर की भूमिका। कई मैनेजर इस अंतरण को गंभीरता से नहीं लेते और वे नुकसान उठाते हैं।

अपना ज्ञान व समझदारी से उपलब्ध साधनों-संसाधनों का अधिकतम संभव उपयोग करके तथा अपने स्वयं के अजेंडा से काम करके ही आप एक कार्यकारी मैनेजर के रूप में सफल हो सकते हैं। आप अगर एक लीडर के रूप में काम करते हैं तो निश्चित रूप से आपके कुछ साथी ऐसे भी होंगे जो आपसे ज्यादा जानते होंगे। आप अकेले कुछ नहीं कर सकते। लक्ष्य प्राप्त करने के लिए आपको अपने सहकर्मियों पर निर्भर रहना पड़ता है।

हमेशा ध्यान रखें कि आप अपने अधीनस्थ सहकर्मियों के लीडर हैं और एक जनरल मैनेजर की परीक्षा से गुजर रहे हैं।

हेमंत एक बड़ी फार्मास्यूटिकल कंपनी के फाइनेंस एंड सपोर्ट फंक्शन डिपार्टमेंट में काम करता था, जहाँ उसने बहुत तेजी से तरक्की की थी। वह लंदन स्कूल ऑफ इकोनॉमिक्स का स्नातक था और यू.के. से चार्टर्ड अकाउंटेंट की डिग्री लेकर आया था। एक दिन उसे एक महत्त्वपूर्ण व्यावसायिक इकाई का जनरल मैनेजर बना दिया गया। सेल्स, मार्केटिंग, परचेजिंग और अन्य कार्यों की देखरेख की जिम्मेदारी उसके पास आ गई।

उसके संगठन की मेडिकल रिप्रेजेंटेटिव फार्मास्यूटिकल इंडस्ट्री में अपने समकक्षों से कहीं च्यादा प्रतिस्पर्धात्मक थे। अपने पेशे के साथ उनका भावनात्मक जुड़ाव था। दूसरी कंपनियों में मेडिकल रिप्रेजेंटेटिव को एक बाह्य संघ के सदस्य के रूप में देखा जाता था, लेकिन उसकी कंपनी में ऐसा नहीं था। उसे इस व्यवस्था को बनाए रखना था और इसके लिए उसे मेडिकल रिप्रेजेंटेटिव की समस्याओं के प्रति संवेदनशील दृष्टिकोण अपनाकर चलना जरूरी था।

हेमंत से पहले जो लोग इस पद पर आए थे वे फील्ड वर्क या मार्केटिंग से धीरे-धीरे तरक्की करके यहाँ तक पहुँचे थे। उसे लगा कि सेल्स टीम इस बात से सहमी हुई होगी कि उनका बॉस फाइनेंस का व्यक्ति है। हेमंत ने मेडिकल रिप्रेजेंटेटिवों

की एक बैठक बुलाकर उनकी समस्याओं को समझने का निर्णय लिया।

शुरुआती बैठकों के दौरान ही उसे पता चल गया कि मेडिकल रिप्रेजेंटेटिवों को अब तक अपने बॉस के लिए छोटे-मोटे काम करने पड़ते थे। यह अधिकारों का खुला दुरुपयोग था जिसे हेमंत ने नैतिकता के खिलाफ माना। उसे यह सब अच्छा नहीं लगा।

स्वभाव से शांत व संयमी हेमंत ने तुरंत कोई फैसला नहीं लिया। धीरे-धीरे जब एरिया सेल्स मैनेजरों और रीजनल सेल्स मैनेजरों के साथ उसकी बैठकें हुई तब उसे पता चला कि जनरल सेल्स मैनेजर के स्तर पर भी ऐसा हो रहा है। ऐसे में वह उसी कमजोरी या कमी के लिए टीम को दोषी कैसे ठहरा सकता था।

उसने अपनी शीर्ष सेल्स टीम की एक बैठक बुलाई, जिसमें अपने मन की पीड़ा साफ-साफ बता दी। बीस वर्षों में उसके किसी बॉस ने उसके साथ ऐसा व्यवहार नहीं किया था और न ही उसे किसी से ऐसी अपेक्षा थी। सेल्स सिस्टम में लोग दूसरों की गरिमा का सम्मान आखिर क्यों नहीं करते? कुछ बैठकों के बाद स्पष्ट हो गया कि अब ऐसे काम चलनेवाला नहीं है।

दु:खद बात यह थी कि उसके शीर्ष स्तर के सहकर्मियों को इसमें कोई बुराई नजर नहीं आती थी। उनका कहना था कि प्रबंधन का यही तरीका है, नरमी से काम नहीं चलता। उन्होंने तर्क दिया कि बिखरे हुए ग्रुप का ठीक-ठीक प्रबंधन करने के लिए इस तरह की व्यवस्था जरूरी है। पुराने या अनुभवी मैनेजरों का रवैया था कि जिन परिस्थितियों में हम आगे आए हैं, उसी परिस्थिति में हमारे कनिष्ठों को भी काम करना चाहिए।

अंत में हेमंत ने अपने मध्यम स्तर के मैनेजरों को सुधारने की सोची। इसके लिए उन्होंने खुला सेशन रखा। उनसे इस विषय पर अपने विचार रखने को कहा गया कि वे कंपनी में कैसे मूल्य व आदर्श देखना चाहेंगे। पूरी चर्चा में 'लोगों के प्रति सम्मान' की बात सबसे ज्यादा उभरकर आई। अब हेमंत के लिए अपनी बात रखना आसान हो गया। उसने कहा 'अगर आप सब लोग कंपनी में ऐसी आदर्श स्थिति चाहते हैं तो आइए, हर स्तर पर समान रूप से इसे अमल में लाएँ।'

थोड़ी देर के लिए सब चुप थे। मुश्किल घड़ी तब आई जब उन सबको मार्चिंग ऑर्डर दे दिया गया। अंत में सीनियर सेल्स मैनेजरों सहित पूरी टीम हेमंत का अभिप्राय यानी कनिष्ठों के प्रति सम्मान का भाव रखने लगी। ध्यान दें इस दोषपूर्ण व्यवस्था को मिटाने के लिए हेमंत को कड़ी मेहनत करनी पड़ी, पर हेमंत का धैर्य

और आदर्शों के प्रति जुड़ाव रंग लाया। उन्होंने लोगों को आदेश देने या दंडित करने की बजाय उन्हें विश्वास में लेकर समस्या को सुलझाया था।

आपको अपने कनिष्ठों या अधीनस्थों का नेतृत्व वैसे नहीं करना चाहिए, जैसा पहले आपके साथ हो चुका है या कि उस तरह करना है, जिस तरह आप भविष्य में अपने लिए अपेक्षा करते हैं।

साहस पर निर्भर करता है नेतृत्व

प्रबंधन नेतृत्व का ही दूसरा नाम है—लोगों का नेतृत्व, विचारों का नेतृत्व, बाजार का नेतृत्व। ऐसा करते समय यह नहीं देखा जाता कि आप कितना आगे बढ़ चुके हैं या आप वैसा कर रहे हैं जैसा आपको कहा जाता है। आप वह करते हैं जिसके लिए आपको वेतन मिलता है। इस शाश्वत सत्य को हर मैनेजर को हमेशा याद रखना चाहिए।

साहस नेतृत्व के अन्य गुणों जैसे दृढ़ संकल्प, बुद्धिमत्ता और संवेदनशीलता की तरह एक गुण भर नहीं है, बल्कि यह एक सीढ़ी है। अन्य गुण इस सीढ़ी के पायदान हैं। साहस के बिना अन्य गुण भी अपना प्रभाव नहीं दिखा पाते।

साहस की इस सीढ़ी की गुणवत्ता आप स्वयं निर्धारित करते हैं।

ऐसा नहीं है कि सिर्फ सी.ई.ओ. या शीर्ष स्तर के अधिकारी को ही साहसी होना चाहिए। साहस की तो मैनेजरों को भी रोजमर्रा के कामों में जरूरत पड़ती है। एक सीनियर मैनेजर प्रवीणा की कहानी से हम कुछ सीख सकते हैं।

प्रवीणा की सेवानिवृत्ति के समय कंपनी में एक समारोह आयोजित किया गया था। इसमें उसके सभी सहकर्मी डिनर के लिए इकट्ठा हुए थे। भाषणों का दौर शुरू हुआ।

प्रवीणा ने सबसे पहले अपने सहकर्मियों के प्रति आभार प्रकट किया और जाने-अनजाने हुई किसी गलती के लिए क्षमा माँगी। उसके बाद उसने भविष्य में सभी के संपर्क में बने रहने का अपना वादा दोहराया। लेकिन तभी अचानक उसका भाषण बदल गया—

जैसा आप जानते हैं कि कई वर्षों से मेरा काम कैपिटल सेक्शंस का रहा है। आपमें से कई लोगों को शायद लगा होगा कि मैं बहुत सवाल करती हूँ और पूँजी व्यय की गति को धीमा कर देती हूँ। हाल के वर्षों में मैंने स्पष्ट किया है कि पूँजी व्यय के मामले में हम मैनेजर शिथिल पड़ गए हैं। पहले तो हम तेजी से व्यय करना

चाहते हैं, लेकिन बाद में हम ढीले पड़ जाते हैं। हम उपकरण तो लगा लेते हैं, लेकिन उसे नियोजित तरीके से प्रयोग में नहीं लाते। नकदी किसी भी कंपनी का सबसे महत्त्वपूर्ण संसाधन है। हम सभी जानते हैं कि हमारी कंपनी को हमेशा नकदी की जरूरत पड़ती है। मेरे बारे में कहा जाता था कि मैं पूँजी खर्च की गति को शिथिल कर देती हूँ। लेकिन मेरे प्रयास और आपके सहयोग से कंपनी ने पिछले पाँच वर्षों में करोड़ों रुपए की बचत की, जो मेरे लिए संतोष की बात है। अगर इस धन को आसानी से खर्च करने दिया जाता तो हमारी नकदी में कमी होती। हाँ, शायद मैं रोकटोक नहीं करती तो अपने कैरियर में एक और स्तर पार कर जाती, लेकिन मुझे संतोष है कि मैंने एक खास सोच के साथ काम किया। क्यों? क्योंकि ऐसा करने के लिए ही मुझे वेतन मिलता था।

अपने संबोधन के बाद प्रवीणा बैठ गई। कुछ पल की निस्तब्धता के बाद पूरा हॉल तालियों की गड़गड़ाहट से गूँज उठा।

प्रवीणा के भाषण का यदि एक चिंतक[2] के दृष्टिकोण से विश्लेषण करें तो कह सकते हैं कि उसने अपनी ड्यूटी में CPWRR (Candour, Purpose, Will, Rigour, Risk यानी स्पष्टवादिता, संकल्प, इच्छाशक्ति, कठोरता, जोखिम) फॉर्मूले को समझा और लागू किया।

स्पष्टवादिता का अर्थ है किसी की आलोचना या बुराई की मंशा के बिना अपनी बात को साफ-साफ, किंतु सकारात्मक तरीके से कहना।

उद्‌देश्य का अर्थ अपना एक व्यापक लक्ष्य निर्धारित करना है और उसके लिए कार्य करना है। प्रवीणा को पता था कि उसकी कंपनी को नकदी की बहुत जरूरत है और उसे यह भी अहसास था कि नकदी के अधिकतम संभव सदुपयोग में वे योगदान दे सकती है। वह चाहती तो यह जिम्मेदारी, अपने अधिकारियों पर भी छोड़ सकती थी।

इच्छा-शक्ति व्यक्ति को आशावादी बनाती है। इससे आप अपने काम में ऊर्जा डाल सकते हैं। प्रवीणा ने न केवल होशियारी भरे प्रश्न उठाए, बल्कि उनके हल या विकल्प भी सुझाए।

कठोरता का अभिप्राय अनुशासन के पालन से है। प्रवीणा ने जोर दिया कि खर्च का निर्धारण एक निश्चित प्रारूप के आधार पर होना चाहिए। हालाँकि इसके कारण उसे नौकरशाही व्यवस्था की समर्थक के रूप में देखा जा रहा था।

जोखिम का अर्थ है-दूसरों के काम व काबिलियत पर विश्वास करना और

परिणाम का सामना करने के लिए तैयार रहना।

सफलता के लिए इन चारों गुणों का एक साथ होना जरूरी है, क्योंकि इनमें से किसी एक के अभाव में भी आप सफलतापूर्वक नेतृत्व नहीं कर सकते।

बॉक्स 7.2 : बुनियादी संदेश

1. आपको वही करना है जो सही है। असहमति जताएँ, पर विनम्रता के साथ।
2. नेतृत्व के लिए साहसी होना जरूरी है—विचार के रूप में भी और कार्य के रूप में भी।
3. नेतृत्व का ऐसा तरीका कभी न अपनाएँ जिसे आप अपने लिए पसंद नहीं करते हों।

संदर्भ

1. विनर्स नेवर चीट, जॉन एम. हंट्समैन, व्हार्टन स्कूल पब्लिशिंग, 2006
2. द करेज टू ऐक्ट, मेरॉम क्लीन एवं रॉड नैपियर, मैग्ना पब्लिशिंग, 2004

□

खंड–III

लोगों की दुनिया

8

विचार-संप्रेषण

अभिप्राय की अभिव्यक्ति

''जब आप किसी के साथ नृत्य करते हैं तो उसकी ताल नहीं बदल सकते; लेकिन अगर आप अपनी ताल बदल लेंगे तो नृत्य का स्वरूप बदल जाएगा।''

—हैरियत लर्नर, द डांस ऑफ एंगर

'लोगों की दुनिया' से तात्पर्य है अपने आस-पास के लोगों के साथ जुड़ाव। दुनिया में बहुत सारे लोग हैं और उनके बहुत सारे विचार भी हैं। इस दुनिया के प्रति आपका दृष्टिकोण इस बात पर निर्भर करता है कि आप क्या देखते हैं और आपका विश्वास किसमें है। किसी एक विषय पर भिन्न-भिन्न विचार जीवन के सच का एक अभिन्न हिस्सा है। आपके मस्तिष्क में इतनी शक्ति है कि वह भिन्न विचारों का विश्लेषण करके आपके अनुकूल विचार अलग निकाल सके। ऐसा करके ही आप जीवन को संयमित तरीके से जी पाते हैं।

सभी प्राणियों में मनुष्य का मस्तिष्क सबसे ज्यादा विकसित है। इसमें क्षमता होती है कि यह आपकी वास्तविक भावना को दबाकर उस भावना को उभार दे जो आप सबके सामने लाना चाहते हैं (देखें बॉक्स 8.1)।

उदहारण के लिए, यदि आप अपने पड़ोसी को पसंद नहीं करते या उसका

साथ आपको अच्छा नहीं लगता तो आप उसके साथ नहीं बैठेंगे। ऐसा भी हो सकता है कि आप अपने मन के वास्तविक भावों को दबाकर उसके साथ बैठकर मजेदार बातें करें और उसे शाम को अपने घर चाय पर भी बुलाएँ।

बॉक्स 8.1 : विकसित होता मस्तिष्क

यू.एस.ए. स्थित नेशनल इंस्टीट्यूट ऑफ मेंटल हेल्थ में मस्तिष्क विकास एवं व्यवहार संकाय के प्रमुख पॉल मैकलीन (Paul MacLean) के अनुसार मस्तिष्क एक त्रियामी मशीन है। रेंगने वाले प्राणियों के मस्तिष्क की संरचना सरल व इकहरी है। स्तनधारियों की उत्पत्ति बाद में हुई शायद इसलिए उनका मस्तिष्क थोड़ा और विकसित हुआ। उसमें एक भाग और जुड़ गया। इस प्रकार उनके मस्तिष्क में दो भाग हुए। विकास के क्रम में बाद में मानव मस्तिष्क विकसित हुआ जो तीन भागों में बँटा है।

मानव मस्तिष्क का पहला भाग श्वसन, हृदय की धड़कन आदि क्रियाओं में मदद करता है। यह भाग यदि सुचारु रूप से कार्य नहीं करे तो जीवित रहने के लिए आवश्यक शारीरिक क्रियाएँ नहीं हो पाएँगी। उसके बाद मस्तिष्क का दूसरा भाग होता है, जिसे 'पेलियो-मैमलियन ब्रेन' कहा जाता है। वह मन की भावनाओं को जगाने में मदद करता है, जैसे—भय, भूख और प्रेम। अगर आपका कुत्ता आपसे प्यार करता है; तो उसका यह प्यार उसकी आँखों में दिखाई देता है। लेकिन कोई छिपकली या दूसरे रेंगनेवाले जीव आपको वैसे ही प्यार भरी दृष्टि से नहीं देखेंगे।

तीसरा और सबसे विकसित हिस्सा होता है नियो-कोर्टेक्स। इसमें दो ऐसे कार्य करने की क्षमता होती है, जो अन्य प्राणियों के मस्तिष्क में नहीं होती। पहला, तर्क और विश्लेषण करना और दूसरा, 'जटिल' भावनाओं को प्रकट करना। जटिल भावना प्रदर्शन का अर्थ है ऐसी भावना प्रकट करना जो आपके मन में नहीं है।

मनुष्य ही वह एकमात्र प्राणी है जो अपने मन की वास्तविक भावना को दबाकर उसके विपरीत भाव प्रकट कर सकता है। इसका एक रूप मौन है।

कॉरपोरेट जीवन में मौन के कई रूप हो सकते हैं। चर्चा के दौरान आप अपनी बात मन में लेकर बैठे रह सकते हैं। बाद में अपना विरोध जताकर या टिप्पणी करके आप अपनी उसी बात को ज्यादा जोरदार ढंग से रख सकते हैं या आप ऐसा भी कर

सकते हैं कि उठाई गई बात पर अपना सकारात्मक समर्थन दे दें, भले ही आपकी वास्तविक राय उसके विपरीत हो। सामान्यतया मौन का सहारा किसी-न-किसी भय के कारण लिया जाता है (देखें बॉक्स 8.2)।

बॉक्स 8.2 : गलपागोस कंपनी

सन् 1830 के दशक में चार्ल्स डार्विन इक्वाडोर तट से 1,000 किमी. दूर स्थित गलपागोस द्वीप पर आए। उसके बाद यह द्वीप काफी प्रसिद्ध हो गया। इस द्वीप के अवलोकन व निष्कर्षों के आधार पर उन्होंने अपना शोध पत्र तैयार किया था। उन्होंने वहाँ एक बात यह देखी थी कि जानवर निडर होते हैं। डार्विन झपटकर बड़े-बड़े कछुओं के पास जाते और उनकी पीठ पर बैठ जाते। समुद्री पक्षियों को पकड़कर वह समुद्र में डाल देते। पक्षी डार्विन के इतने पास आ जाते कि वह चाहते तो उन्हें अपनी टोपी से मार सकते थे।

पक्षी इतने निडर क्यों होते हैं? ऐसा माना जाता है कि द्वीपों पर पाए जाने वाले पक्षी सबसे ज्यादा निडर होते हैं। द्वीप प्रायः रहने के लिए सुरक्षित स्थान होते हैं, क्योंकि यहाँ बिल्लियाँ और स्तनधारी शिकारी जानवर कम पाए जाते हैं। अतः जानवरों को अन्य जानवरों का शिकार बनने का डर कम होता है।

गलपागोस द्वीप की तरह कंपनियों का भी परिवेश होना चाहिए, ताकि सभी कर्मचारी निडर होकर अपनी बात कह सकें।

इस प्रकार का व्यवहार आपके संपर्क पर व्यापक प्रभाव डालता है। कॉरपोरेट सेक्टर में यह अध्ययन और शोध का विषय बना हुआ है। हारवर्ड बिजनेस स्कूल की प्रोफेसर लेज्ली परलो (Leslie Perlow) की पुस्तक से मैंने कुछ उपयोगी विचार ग्रहण किए हैं।

सामान्यतया हर मैनेजर यह सोचकर चलता है कि अपने सहकर्मियों के साथ उसका कार्य-व्यवहार व संबंध उसके समकक्षियों से बेहतर है। उसे लगता है कि वह सीधे और खुलकर बात करता है, जबकि उसके सहकर्मी ऐसा नहीं सोचते। हर मैनेजर यही कहता है कि उसे खुलकर बात करना पसंद है, परंतु जब उसके बारे में कोई खुलकर कुछ कहता है तो उसे लगता है कि बोलने वाले में संवेदनशीलता की कमी है। इसलिए बात करने वाला खुलकर कुछ न कहने की कोशिश करता है। खुलकर बोलने के लिए निडरता जरूरी है। खासकर परफॉर्मेंस एप्रेजल के क्षेत्र में यह व्यवहार अकसर देखने को मिलता है।

प्रताप की कहानी एक ऐसा अनुभव का दृष्टांत प्रस्तुत करती है जो आपमें से कई पाठकों को अपना अनुभव लगेगा।

नकारात्मक चक्र को जन्म देती है अतिस्पष्टता

किसी भी कंपनी में एक आम शिकायत होती है जो मैनेजर को अपने वरिष्ठों से मिलनेवाले फीडबैक से जुड़ी होती है। कितना भी कर लिया जाए, सुधार की गुंजाइश हमेशा बनी रहती है।

सुधार का सुझाव देनेवाले फीडबैक में कुछ सैद्धांतिक विशेषताएँ होनी चाहिए। फीडबैक संदेश में सुधार के लिए सुझाव व उदाहरण के साथ निष्पक्ष टिप्पणी होनी चाहिए। संदेश में सकारात्मकता साफ झलकनी चाहिए। हालाँकि इन सब बातों को अमल में लेकर चलना थोड़ा जटिल है।

पैंतीस वर्षीय प्रताप मेरे डिपार्टमेंट में काम करता था। वह एक योग्य इंजीनियर था और तकनीकी समस्याओं को हल कर लेता था। उसकी दो विशेषताएँ थीं-पहली, वह हमेशा अपने अन्य सहकर्मियों और विभागों की आलोचना किया करता था, दूसरी, वह अपने-आप पर हद से ज्यादा विश्वास करता था। मसलन वह सोचता था कि वह अपना स्वयं का व्यवसाय चला सकता है। मैं अकसर उसके बारे में सोचता था कि भगवान उसे थोड़ा यथार्थवादी बनाए। इशारे-इशारे में मैंने उससे कहा भी, लेकिन खुलकर कभी कुछ नहीं कह पाया, क्योंकि मैं जानता था कि वह बहुत संवेदनशील है।

कैरियर के दौरान हम दोनों कंपनी के अलग-अलग विभागों में चले गए। कई वर्षों के बाद एक बार फिर हमें साथ-साथ काम करने का मौका मिला। उस समय उसके और मेरे पद के बीच में एक सीनियर मैनेजर था। प्रताप कभी-कभी गपशप करने के लिए मेरे पास आ जाता था। अकसर वह घर-परिवार और पूर्व कार्यानुभवों के बारे में बात करता था। मैं भी उसके साथ कुछ समय बिताया करता था।

एक बार प्रताप ने मुझसे शिकायत की कि उसका बॉस उसे उसके काम का साफ-साफ फीडबैक नहीं देता। परिणामस्वरूप उसे लग रहा था कि जनरल मैनेजमेंट में उसे लिए जाने के बारे में विचार नहीं किया जाएगा। कहते-कहते वह उदास हो गया। मैंने उससे कहा कि तुम्हारा बॉस अब तुम्हें स्पष्ट फीडबैक देगा।

मैंने प्रताप के बॉस से इस विषय पर बात की तो उसने बताया कि मैंने अपना फीडबैक उसे दिया है। साथ ही उसने यह भी कहा कि प्रताप के संवेदनशील

स्वभाव को ध्यान में रखते हुए मैंने बहुत हलके लहजे में अपनी बात कही, क्योंकि मैं उसके आत्मसम्मान को चोट नहीं पहुँचाना चाहता था। मेरे जोर देने पर उसने कहा—ठीक है, मैं एक बार और कोशिश करूँगा। प्रताप के बॉस को लगता था कि प्रताप अपने समकक्षियों और अन्य अनुभागों के कर्मचारियों के साथ कदम-से-कदम मिलाकर नहीं चल पाता है, इस कारण उसकी कार्यक्षमता सीमित हो गई है। इसी प्रकार बॉस को लगता था कि प्रताप समस्या का हल बनने की बजाय स्वयं समस्या का एक हिस्सा बना हुआ है।

तीन सप्ताह बाद प्रताप एक बार फिर मेरे ऑफिस में आया। इस बार वह कुछ ज्यादा ही परेशान लग रहा था। वह कहने लगा कि उसके बॉस ने उसके साथ बहुत रूखा व्यवहार किया, उसे किसी की कमजोरी का इस तरह तमाशा नहीं बनाना चाहिए था। इस पर मैंने कहा कि तुमने स्वयं ही तो शिकायत की थी कि तुम्हारा बॉस साफ-साफ फीडबैक नहीं देता।

'यह बात सही है. लेकिन इसका मतलब यह नहीं हुआ कि वह मेरे साथ ऐसा व्यवहार करे जिससे मैं स्वयं को हीन या अलग-थलग महसूस करने लगूँ,' उसने कहा। मैं उसकी बात से सहमत नहीं था, क्योंकि उसके बॉस को कंपनी के सबसे विनम्र मैनेजरों में गिना जाता था। मैंने प्रताप से कहा कि शायद तुम स्पष्ट और सीधे फीडबैक के लिए तैयार नहीं थे।

'लेकिन तुम्हारा अपना क्या खयाल है ? तुम तो मुझे लंबे समय से जानते हो' उसने प्रश्न भरी दृष्टि से मेरी ओर देखकर कहा। मैंने कहा कि उसके कार्य मूल्यांकन में मैं स्वयं मौजूद था और जो भी टिप्पणियाँ की गईं उनसे मैं सहमत था। सुनकर प्रताप जैसे पेड़ की ऊँचाई से नीचे गिर गया था। 'ठीक है, मुझे अपने भविष्य के बारे में सोचना पड़ेगा,' कहते हुए वह उठा और मेरे कमरे से बाहर निकल गया।

प्रताप ने कंपनी छोड़ दी और उसके बाद उसने एक-दो अन्य कंपनियों में काम किया। इस दौरान वह मेरे संपर्क में बना रहा। मैं देख रहा था कि उसे कहीं भी वह खुशी नहीं मिल पा रही है, जिसकी वह अपेक्षा करता है और इस कारण वह कहीं सफल भी नहीं हो पा रहा था।

सभी मैनेजर यह कहते हैं कि वे स्पष्ट या प्रत्यक्ष फीडबैक चाहते हैं, लेकिन उनमें से अधिकांश इसके लिए तैयार नहीं होते। सबसे अच्छा फीडबैक वह होता है जो बोला नहीं जाता, बल्कि हाव-भाव या संकेत से स्वयं समझा जाता है।

अगर आपको किसी से अस्पष्ट फीडबैक मिलता है तो हो सकता है कि यह

उसका अपना तरीका हो। इसमें आप कुछ नहीं कर सकते या ऐसा भी हो सकता है कि वह व्यक्ति आपके बारे में सोच रहा हो कि आप सीधे या स्पष्ट फीडबैक के लिए तैयार नहीं हैं। इस स्थिति में आप अपनी ओर से कुछ कर सकते हैं।

मैनेजर अगर बातचीत में निहित अर्थ और लहजे को ठीक से समझ लेता है तो उसे फीडबैक स्वयं ही मिल सकता है। इसमें उसके आत्मसम्मान को भी ठेस नहीं पहुँचेगी। यह एक अद्‌भुत क्षमता है जिसे विकसित करने की जरूरत है।

सकारात्मकता को जन्म देता है स्पष्ट संप्रेषण

अध्याय 6 में हमने देखा कि किस प्रकार पदोन्नति का एक मौका चूक जाने के बाद गुलाब को स्वयं को स्थिति के अनुसार ढालना पड़ा। यह पता चलने के बाद कि जिस पद के लिए वह कड़ी मेहनत करता रहा था वह पद उसे नहीं मिलेगा, गुलाब ने जो रास्ता अपनाया, उससे एक सबक मिलता है।

पदोन्नति का मौका चूकने के बाद गुलाब यह देखने के लिए कंपनी में रुका रहा कि उसके डायरेक्टरों ने उसे जो आश्वासन दिया है, वह अवसर उसे मिलेगा। डायरेक्टरों ने कोई स्पष्ट वादा तो किया नहीं था, इसलिए उसे इंतजार करना था।

बाद के महीनों में गुलाब ने देखा कि कंपनी में जो कुछ हो रहा है, वह उसकी अपेक्षा के विपरीत है। करन के नेतृत्व में कंपनी जिस तरह आगे बढ़ रही थी, उसके बारे में गुलाब ने कभी नहीं सोचा था। उसके सामने असमंजस की स्थिति थी। अगर वह अपनी बात खुलकर कहता है तो इसे उसकी अयोग्यता समझा जाएगा और अगर नहीं कहता है तो उसे वह प्रोफेशनल स्तर नहीं मिल रहा था, जिसका उसने लक्ष्य बना रखा था।

गुलाब ने अपनी बात ईमानदारी से रखने का निर्णय लिया। लेकिन इसमें उसने विनम्रता और सकारात्मकता का विशेष खयाल रखा। उसका अंतर्मन कह रहा था कि उसे गंभीरता से नहीं लिया जा रहा है, इसलिए उसे कुछ सोचना पड़ेगा। उसने अपने अधिकारियों से सीधे बात करने का मन बनाया।

वह मुख्यालय के दो अत्यंत वरिष्ठ पदाधिकारियों से मिला, जो उसे अच्छी तरह जानते थे और अपनी स्पष्टवादिता के लिए जाने जाते थे। दोनों ने अपने-अपने स्तर पर उसे वास्तविकता बताई, जिसमें गुलाब के लिए यह संदेश छिपा था कि उसे अब उतनी गंभीरता से नहीं लिया जा रहा है, जितनी गंभीरता से पहले लिया जाता

रहा था। दोनों की बात से उसे अपने कैरियर और भविष्य के बारे में एक बार फिर से सोचने में मदद मिली।

गुलाब ने मन में न कोई अफसोस आने दिया और न ही वह भावुकता में उलझा। उसे लगा कि अपनी खुशियों को वापस लाना उसके अपने ही हाथ में है। अगर इसके लिए उसे अपने संबंधों और कार्यस्थल को बदलना पड़े तो भी कोई फर्क नहीं पड़ता।

जैसा आपने पहले देखा, गुलाब ने शान के साथ नौकरी बदल दी। नई कंपनी में अपनी भूमिका से उसने अपनी खुशियाँ वापस पा लीं। अपनी उदासी और असंतोष को वह पुरानी कंपनी में ही छोड़ आया था, जबकि दूसरी ओर प्रकाश था, जो नई कंपनी में भी अपनी उदासी का दामन नहीं छोड़ पाया था। नए परिवेश में आकर गुलाब ने अपनी खुशियों को नया रूप दिया। अधिकारियों के खुलेपन से उसे अपने काम में मदद मिल रही थी, जबकि उधर यही खुलापन प्रकाश के लिए कुछ नहीं कर पा रहा था।

दोनों ही कहानियों से यह सबक मिलता है कि लोग 'सही' को 'सही' या 'गलत' को 'गलत' तभी कहेंगे जब उन्हें लगेगा कि सामने वाला वास्तव में सच्चाई सुनना चाहता है।

दांपत्य जीवन में मौन

यह जान लेना महत्त्वपूर्ण है कि मौन से सामान्यतया नुकसान ही होता है। इस बात को समझ लेने के बाद ही आप अपने भीतर सकारात्मक खुलापन ला सकते हैं। यह बात विवाह के मामले में जितनी सच है उतनी ही व्यवसाय के मामले में भी सत्य है।

सन् 2010 में तलाक के एक मुकदमे पर फैसला देते हुए सुप्रीम कोर्ट ने कहा कि पति या पत्नी में से कोई भी यदि मौन रहता है तो इसे हिंदू विवाह अधिनियम के सेक्शन 13 के अनुसार प्रताड़ना का मामला माना जा सकता है। अपने फैसले में न्यायमूर्ति ए.के. गांगुली ने लिखा था, 'वैवाहिक संबंध में प्रताड़ना का अर्थ है पारस्परिक सम्मान और समझ की भावना का अभाव, जिससे पति-पत्नी के आपसी संबंधों में कड़वाहट आती है।'

टोयोटा की चुप्पी

ऑटोमोबाइल क्षेत्र में निर्माण संबंधी कमी और परिणामस्वरूप दोषपूर्ण गाड़ियों का बाजार से वापस लिया जाना एक आम घटना बन गया है। (देखें बॉक्स 8.3)

बॉक्स 8.3 : कारों की वापसी

सन् 1971 में जनरल मोटर्स को लगभग सात मिलियन कारें बाजार से वापस लेनी पड़ी थीं। सन् 1972 में वोक्सवेगन ने अपनी तीन मिलियन बीटल्स कारों को बाजार से वापस लिया था। सन् 1987 में फोर्ड ने अपनी चार मिलियन गाड़ियाँ वापस ली थीं। सन् 2003 में जापान में एक दु:खद घटना घटी। हिरोशिमा में 29 वर्षीय शिहो ओकामोटो पड़ोस की एक दुकान से अपने दो छोटे-छोटे बच्चों के साथ घर आ रही थी, तभी एक मितसुबिशी (Mitsubishi) ट्रक के आगे वाले एक्सल से एक पहिया तेजी से उछला और शिहो ओकामोटो को जा लगा। पुलिस ने फ्यूजो (Fuso) मितसुबिशी के हैवी ट्रक डिवीजन के खिलाफ मामला दर्ज करके जाँच शुरू कर दी। पुलिस ने पाया कि निर्माण संबंधी तकनीकी खराबी वाली लगभग एक लाख गाड़ियाँ बेच दी गई थीं और इस सच को छिपाने के लिए फ्यूजो ने नियोजित प्रयास किए थे। परिवहन मंत्री नोबुतेरू इशिहारा ने अपने वक्तव्य में कहा, 'मुझे इतना अफसोस हो रहा है कि मेरे मुँह से शब्द नहीं निकल रहे हैं।'

सन् 2010 के पूर्वार्द्ध में व्यावसायिक पत्रों और पत्रिकाओं में जापानी ऑटोमोबाइल कंपनी टोयोटा और दोषपूर्ण टोयोटा कारों के नाटकीय समाचारों का बोलबाला था। टोयोटा द्वारा निर्मित कारें खुद ही गति पकड़ लेती थीं। दुनिया की सबसे प्रतिष्ठित ऑटोमोबाइल कंपनी खराब कारें बाजार में कैसे बेच सकती थीं? इस कहानी के कई पहलू थे, लेकिन मौन और गोपनीयता ही इसका मुख्य कारण लगती है।

सन् 2002 में टोयोटा कैमरी (Toyota Camry) ने गैस पैडल में एक नई व्यवस्था निकाली। इसमें पैडल को इंजन से जोड़ने की बजाए एक नई तकनीक लगाकर इंजन के नियंत्रण के लिए लगे कंप्यूटर तक संकेत भेजने की मंशा से इलेक्ट्रॉनिक सेंसरों का प्रयोग किया गया था। बाद में लेक्सस में भी इसी तकनीक का प्रयोग किया गया। इसका लाभ यह था कि ईंधन कम खर्च होने लगा।

दो वर्ष के भीतर ही नेशनल हाइवे ट्रैफिक सेफ्टी एडमिनिस्ट्रेशन (NHTSA)

को शिकायतें मिलने लगीं कि टोयोटा की कुछ कारें ड्राइवर द्वारा एक्सीलरेटर दबाए बिना ही गति पकड़ लेती हैं। सन् 2006 तक ऐसी सैंकड़ों शिकायतें आ गईं।

एन.एच.टी.एस.ए. विश्वास और खुलेपन के सिद्धांत पर कार्य करता है। ऑटो उत्पादक के पारदर्शी प्रदर्शन के बिना ऑफिस ऑफ डिफेक्ट्स अपना काम कर ही नहीं सकता। इस प्रकार ऑटो इंडस्ट्री लगभग स्व-विनियमन के आधार पर चल रही हैं।

टिप्पणीकारों के अनुसार टोयोटा में एक्सीलरेटर की समस्या का कारण उसकी अपनी गोपनीय व्यवस्था थी। 'द इकोनॉमिस्ट' ने टिप्पणी की थी—'...यहाँ वरिष्ठता और पदानुक्रम की एक कड़ी व्यवस्था है, जिसमें लोग किसी गलती को आगे तक नहीं पहुँचाना चाहते और इसलिए उस गलती की जानकारी संबंधित पदाधिकारी तक नहीं पहुँच पाती है।

यह व्यवस्था अमेरिका कायदों-कानून के खिलाफ है, जिसके अनुसार ऑटो उत्पादकों के लिए सुरक्षा संबंधी खतरों को स्पष्ट करना आवश्यक है। टोयोटा सन् 1957 से अमेरिका में अपना काम कर रही है, लेकिन शीर्ष स्तरीय नेतृत्व में अमेरिकी एक्जिक्यूटिव कम ही थे। ज्यादातर एक्जिक्यूटिव जापान में रह रहे थे और परंपरागत तरीके से विचारों का आदान-प्रदान कर रहे थे।

टोयोटा से जो जानकारियाँ माँगी जाती थीं, वे बहुत देर से एन.एच.टी.एस. तक पहुँच रही थीं। अंत में एन.एच.टी.एस. टोयोटा की शिथिलता से तंग आ गया। उधर टोयोटा का व्यावसायिक नेतृत्व भी बदल गया और रहस्य सामने आने लगा। टोयोटा हेडक्वार्टर के अधिकारियों को पहले से पता था कि पैडल में खराबी है। इस खराबी के चलते कोई 2.3 मिलियन गाड़ियाँ बाजार से वापस लेनी पड़ीं। चुप्पी या मौन की यह एक बहुत बड़ी कीमत थी, जो टोयोटा को चुकानी पड़ी।

टोयोटा के एक पूर्व कर्मचारी डेरियस मेहरी ने जापान में एक अमेरिकी इंजीनियर के अनुभव पर एक पुस्तक लिखी है ('नोट्स फ्रॉम टोयोटा-लैंड' कॉरनेल यूनिवर्सिटी प्रेस, 2005)। मार्केट शेयर बढ़ाने के उद्देश्य से 'कैजन' (Kaizen) नामक एक नई तकनीक की खोज की थी। उसने बताया था कि जापानी इंजीनियरों पर कितना ज्यादा काम का बोझ होता है और यह भी बताया था कि इंजीनियरों के लिए दोषरहित डिजाइन तैयार करना बहुत मुश्किल काम है और मैनेजरों के लिए डिजाइन के उन दोषों को छिपा लेना बहुत आसान काम है।[4]

बॉब मीजनजोक (Bob Miesionczek) कई वर्षों तक जापान में जापानी

बहुराष्ट्रीय कंपनियों के कंसल्टेंट रहे थे। उनके अनुसार, 'टोयोटा के मामले में जिस तरह से काम किया गया, उसे देखते हुए सच्चाई को महिमामंडित नहीं किया जा सकता। अगर टोयोटा सुरक्षा के इस गंभीर मामले से अवगत था और उसने चुप्पी साधे रखी तो यह टोयोटा के अपने कार्य सिद्धांत का भी उल्लंघन है।'

उधर जापानी मैनेजमेंट गुरु सेंसी मसाकी इमाई ने अलग ही तरह का विचार रखा। 'टोयोटा द्वारा बाजार से गाड़ियाँ वापस लेना उसकी ताकत को दरशाता है, न कि उसकी कमजोरी को।'

भारतीय टिप्पणीकार जेरी राव ने विश्वास जताते हुए कहा कि टोयोटा निश्चित रूप से इस मुश्किल से बाहर निकल आएगा, क्योंकि 'सी.ई.ओ. के नेतृत्व वाली कोई कंपनी अपनी गलती के लिए सार्वजनिक रूप से अफसोस जाहिर करती है और अपने विश्वासपात्र ग्राहकों से क्षमा माँगती है तो इसका अर्थ है कि उस कंपनी का भविष्य उज्ज्वल है।'

चुप्पी या मौन से बचाव

मैनेजर के सामने एक व्यावहारिक समस्या यह होती है कि चुप्पी से उत्पन्न होनेवाली संदिग्धता या अस्पष्टता से बचने के लिए वे क्या करे। चुप्पी का कारण वरिष्ठ अधिकारी का डर हो सकता है; ऐसे में यह बात महत्त्वपूर्ण हो जाती है कि संबंधित वरिष्ठ अधिकारी का व्यवहार कैसा है।

हो सकता है कि वरिष्ठ अधिकारी के हावभाव से न लगे कि वह वास्तविकता को साफ-साफ सुनना चाहता है। मुझे तो लगता है कि इस प्रकार की चुप्पी का मुख्य कारण वरिष्ठ ही होता है। ऐसे में वरिष्ठ अधिकारी को या तो अपना रवैया बदलने की जरूरत है या फिर उसके कारण जो स्थिति उत्पन्न होती है, उसे सँभालने की क्षमता जरूरी है। संगठन के कार्यकर्ताओं के साथ जुड़े रहने का उसे व्यक्तिगत तरीका अपनाने की जरूरत है।

कई बार ऐसा भी होता है कि कनिष्ठ कर्मचारी अपने-आपको अधिकारियों से दूर समझता है। दूरी की इस भावना को केवल अधीनस्थ ही दबा सकता है। भेद या मतभेद प्रकट करना एक कला है, जिसे सीखना हर मैनेजर के लिए जरूरी है। इसका एक अच्छा तरीका है- कर्मचारी को अगर उसके निचले स्तर के किसी कर्मचारी के माध्यम से कोई संदेश दिया जाए तो उसे कैसा लगेगा। दूसरा तरीका है कि समस्या की ओर मात्र उँगली उठाने की बजाय उसका कोई हल सामने रखा जाए।

भेद को नजरअंदाज करना एक अल्पकालिक विकल्प है, लेकिन लंबे समय तक ऐसा करते रहने से अवांछित परिणाम मिलते हैं। एक सी.ई.ओ. ने अपने अनुभव के बारे में मुझे बताया था।

मारिया कंपनी के एक महत्त्वपूर्ण संस्थान में दस वर्षों से एक डिपार्टमेंट की सुपरवाइजर थी। डिपार्टमेंट में पता नहीं क्यों स्टाफ की खूब उथल-पुथल चल रही थी। दस वर्षों में नेतृत्व और कार्य-व्यवस्था के स्तर पर कोई बीस बदलाव देखे गए थे।

स्टाफ का हर सदस्य नौकरी छोड़ने का एक ही कारण बताता था पर इसका ठीक-ठीक कारण पता नहीं चल रहा था। शायद एक कारण यह भी रहा हो कि जाने वाला कर्मचारी चुपचाप कंपनी छोड़कर जाना चाहता हो।

समय-समय पर यह बात भी उठी कि शायद मारिया ठीक से सुपरविजन न कर पा रही हो, लेकिन सी.ई.ओ. के लिए इस मामले को सीधे-सीधे उठाना मुश्किल काम लग रहा था। उसने प्रयास तो किया, लेकिन डरता था कि कहीं इससे मारिया के आत्मसम्मान को चोट न पहुँचे। इस प्रकार इसमें चुप्पी के दो मकड़जाल थे-एक मकड़जाल नौकरी छोड़कर जाने वाले कर्मचारियों द्वारा तैयार किया गया था और दूसरा मकड़जाल बॉस और मारिया के बीच था।

चुप्पी के इस लंबे दौर के बाद एक अप्रत्याशित घटना घटी। स्टाफ के एक नए कर्मचारी ने बोलने की हिम्मत दिखाई। उसने शीर्ष अधिकारियों को बता दिया कि इस प्रकार के परिवेश में मैं काम नहीं कर सकता। उसने यह भी बता दिया कि डिपार्टमेंट का सुपरविजन ठीक ढंग से नहीं हो रहा है। अब रहस्य खुल गया था, इसलिए मामले पर सीधे बात करना जरूरी हो गया था। मारिया को यह सब अच्छा नहीं लगा, लेकिन इसके लिए स्वयं को जिम्मेवार मानते हुए उसने संगठन के हित को ध्यान में रखकर सुपरविजन का काम छोड़ दिया।

सी.ई.ओ. के मन में बार-बार आ रहा था कि क्या कोई गंभीर समस्या पैदा किए बिना इस मामले को सुलझाया जा सकता है। जब उसने मारिया को बुलाकर इस विषय पर बात शुरू की तो मारिया तनतनाती हुई कमरे से बाहर चली गई। इससे बॉस थोड़ा सतर्क हो गया। क्या सिर्फ मारिया की नाराजगी के डर से उसे मामले पर बात करने से बचने की जरूरत थी? वह सोचने लगा कि अगर उसने सूझबूझ से काम किया होता तो वह इसी चुप्पी को तोड़ सकता था, लेकिन वह ऐसा न कर सका, जिसका उसे अफसोस था।

बॉक्स 8.4 : बुनियादी संदेश

1. यह मनुष्य का स्वभाव है कि वह अपने कार्य-व्यवहार और पारस्परिक संबंधों को दूसरों की अपेक्षा बेहतर मानता है। यह सोच दोषपूर्ण है।
2. अगर आप किसी मामले पर चुप्पी साधकर बैठ जाते हैं या अपनी वास्तविक राय नहीं बताते तो इसमें किसी और को दोषी नहीं कहा जाएगा।
3. अगर आपको लगता है कि आप ऐसे माहौल में आगे नहीं बढ़ सकते, जहाँ मतभेदों को खुलकर प्रकट किया जाता हो, तो आपको अपने-आपको बदलने की जरूरत है या फिर शब्दों में निहित भाव को सुनने-समझने की जरूरत है।
4. अगर आप बदल सकते हैं तो यह एक सकारात्मक कार्य-चक्र को जन्म दे सकता है।
5. कोशिश कीजिए कि समस्या पर सिर्फ उँगली उठाने की बजाय उसका कोई हल सामने रखें।
6. 'हाँ' की जगह पर 'ना' और 'ना' की जगह पर 'हाँ' कहने से बचने के लिए सकारात्मक माहौल आप स्वयं तैयार कर सकते हैं।

संदर्भ

1. व्हेन यू से यस बट मीन नो, लेस्ली ए. परलो, क्राउन बिजनेस, न्यूयॉर्क, 2003
2. धनंजय महापात्र, टाइम्स ऑफ इंडिया, 13 फरवरी, 2010
3. 'सीक्रेटिव कॉरपोरेट कल्चर, लेड टोयोटा एस्ट्रे', वॉल स्ट्रीट जर्नल, 13 फरवरी, 2010
4. 'कीजन गोज कापुट,' डेरियस मेहरी, इंटरनेशनल हेराल्ड ट्रिब्यून, 15 फरवरी, 2010

□

9

विचार-संप्रेषण में चूक

कहना कुछ चाहें, पर कहें कुछ और

''नेतृत्व व्यवहार पर निर्भर है। वे अच्छे लीडर नहीं होते जो नहीं जानते कि वे कौन हैं और किस परिस्थिति में वे क्या कर रहे हैं।''

—**राम चरण**

❖❖❖

''दुनिया में हमारी विचित्र स्थिति है। यह कोई नहीं जानता कि वह क्यों आया है, लेकिन हम अपने जीवन का एक उद्देश्य बना लेते हैं और उस पर काम करने लगते हैं। दैनिक जीवन के व्यवहार को आधार बनाकर देखें तो हम सब भली-भाँति जानते हैं कि हर मनुष्य यहाँ दूसरे के लिए आया है।''

—**अल्बर्ट आइंस्टीन**

पिछले अध्याय में हमने सहकर्मियों के साथ कार्य-व्यवहार पर चर्चा की थी। यह जाना कि उन्हें अपना अभिप्राय स्पष्ट बताने की जरूरत है यानी जब आपको 'हाँ' कहना हो तो 'हाँ' कहें और जब 'ना' कहना हो तो 'ना' कहें। इसके लिए ऐसा सकारात्मक माहौल बनाना भी जरूरी है कि आप अपनी बात स्पष्ट रूप से कह सकें।

हम इस विषय के दूसरे पहलू पर चर्चा कर रहे हैं। कभी-कभी विचार-

संप्रेषण में चूक हो जाती है यानी कहना कुछ चाहते हैं, लेकिन आपके हाव-भाव कुछ और कह देते हैं। इससे सुनने वाले को वह संदेश नहीं मिलता जो आप पहुँचाना चाहते हैं। उसे वह संदेश मिल जाता है जो आप उसे देना ही नहीं चाहते।

बोन्साई ट्रेप

सरल शब्दों में कहें तो नकारात्मकता का जाल स्वभाव या व्यवहार में निहित ऐसी कमजोरी है जो काम करने के तौर-तरीके में झलकती है। इसे ही व्यक्ति का नकारात्मक या अवरोहकारक पहलू कहते हैं। नॉर्थ कैरोलिना स्थित सेंटर फॉर क्रिएटिव लीडरशिप ने इस विषय पर मौलिक अध्ययन किए हैं।[1]

नकारात्मकता के जाल में उलझे एक्जिक्यूटिव एक निश्चित सीमा तक ही तरक्की कर पाते हैं और अपनी छवि बना पाते हैं। उस सीमा के बाद वे या तो नीचे आने लगते हैं या फिर जहाँ हैं, वहीं रह जाते हैं। ऐसे लीडर अनजाने में अपनी कार्यक्षमता का ह्रास कर लेते हैं। अत: एक सफल लीडर का अपनी कुशलता व योग्यता के लगातार विकास के साथ अपनी कमजोरियों को भी दूर करना चाहिए। सफलता के लिए अपने स्वभाव व व्यवहार के नकारात्मक आवेगों को नियंत्रण में रखना अत्यंत जरूरी है।

बिजनेस लीडर में एक आम कमजोरी देखी गई है कि वे लोगों के साथ सार्थक रूप से अपने आपको जोड़ नहीं पाते। यही कारण है कि अकसर उनके समकक्षी या सहकर्मी उन्हें नकारात्मक पदवी दे बैठते हैं—घमंडी, भावुक, अंतर्मुखी, बहुत जल्दी भड़कनेवाला, तानाशाह, अकारण आलोचक, जोड़-तोड़कर काम निकालने वाला वगैरह-वगैरह।

बोन्साई ट्रेप से मुक्त न होना : मिथुन की कहानी

मिथुन का शैक्षिक रिकॉर्ड बहुत अच्छा था। उसका कैरियर भी अच्छा चल रहा था, परंतु तभी उसके स्वभाव की कमजोरियों ने उसे पीछे खींचना शुरू कर दिया।

उसके पिता भी एक प्रोफेशनल मैनेजर थे, तदनुसार मिथुन दूसरी पीढ़ी का प्रोफेशनल था। मिथुन के समय में यह कोई आम बात नहीं थी।

मिथुन ने एक विश्वस्तरीय इंजीनियरिंग कॉलेज से स्नातक डिग्री प्राप्त की और उसके बाद कुछ समय तक एक बहुराष्ट्रीय कंपनी में काम किया। जब भारत

में विनिर्माण उद्योग का आधुनिक ढाँचा तैयार हो रहा था तब वह भारत वापस आ गया।

एक युवा इंजीनियर के रूप में यहाँ उसने नौकरी शुरू की। वह सुशिक्षित और महत्त्वाकांक्षी था। कंपनी का मैनेजमेंट अपने कर्मचारी में यही गुण देखना चाहता है। उसे जल्दी-जल्दी पदोन्नति मिली और 40 वर्ष की उम्र में वह कंपनी का सी.ई.ओ. बन गया।

मिथुन योग्य तो था ही, पर अपनी योग्यता के प्रति वह बहुत सजग भी रहता था। धीरे-धीरे उसके मन में अपने श्रेष्ठ होने की भावना पैदा होने लगी, जिसकी ओर से वह अनजान था। दूसरे लोग इसे घमंड समझ रहे थे। उसके पिता की एक उत्कृष्ट व्यावसायिक लीडर की छवि थी, जिसका वह बहुत खयाल रखता था। पिता से अपनी तुलना उसे भड़का देती थी।

मिथुन बात-व्यवहार में अच्छा था, लेकिन स्वभाव से थोड़ा अलग-थलग था। वह दूसरे टीम लीडरों की तरह पीठ पीछे किसी की आलोचना नहीं करता था। जो कुछ कहना होता था वह साफ-साफ कह देता था। उसकी बुद्धिमत्ता की तारीफ तो हर कोई करता था, लेकिन एक मुँहफट व्यक्ति भी माना जाता था। उसे सब लोग 'मूडी' समझने लगे थे। उसके अधीनस्थ उसके साथ मीटिंग की योजना बनाने से पहले उसका 'मूड' समझने की कोशिश करते थे। उसे अपनी कंपनी और अपनी उपलब्धियों पर गर्व था—गर्व होना भी चाहिए था, पर उसका यही गर्व उसे किसी नए या सकारात्मक विचार को स्वीकार नहीं करने देता था। उसकी सोच कुछ ऐसी हो गई थी कि जो कुछ वह जानता है, वही सबसे अच्छा है।

यहाँ ध्यान दें कि मिथुन ने स्वयं ये सब बातें कभी किसी से नहीं कही न ही कभी ऐसा कोई विचार रखा, लेकिन उसके साथ काम करने वाले लोग उसे 'मूडी', 'एकांत प्रिय' या उलझे हुए नेता के रूप में देख रहे थे। दिलचस्प बात यह है कि उसके अधीनस्थ ही नहीं, बल्कि समकक्षी और वरिष्ठ भी उसे ऐसा ही समझते थे। जब उसके हाथ में बागडोर आ गई तो डायरेक्टरों के साथ उसके संबंध और भी खराब हो गए।

'90 के दशक में भारतीय अर्थव्यवस्था का उदारीकरण हुआ और आयात दरें घटा दी गईं। पुराने लाइसेंस परमिट राज में जो कंपनियाँ तेजी से फल-फूल रही थीं, उन्हें अब तीखी विदेशी प्रतिस्पर्धा का सामना करना पड़ रहा था। कंपनी बोर्ड की एक बैठक में मिथुन से पूछा गया कि क्या बदलते प्रतिस्पर्धी परिवेश में अपने-

आपको बनाए रखने के लिए कंपनी पर्याप्त उपाय कर रही है।

बोर्ड के डायरेक्टर मिथुन की प्रतिक्रिया से खुश नहीं हुए। इसके कई कारण थे। कंपनी के कार्यों व उपलब्धियों को लेकर मिथुन का रवैया स्पष्ट नहीं था। वह डायरेक्टरों को कुछ बताना नहीं चाहता था। उसे पूरा विश्वास था कि उसकी कंपनी विश्वस्तरीय है, लेकिन बोर्ड को इसका प्रमाण देने के लिए वह तैयार नहीं था। दुर्भाग्य से कंपनी के कुल व्यवसाय में गिरावट दर्ज की गई और पहली बार कंपनी को घाटा लगा। तब डायरक्टरों को लगा कि अब उन्हें कुछ करना पड़ेगा। उन्होंने मिथुन की जिम्मेदारी किसी और को सौंप दी।

मिथुन कंपनी से निकल तो गया, लेकिन उसका सोच था कि 'देखता हूँ' मेरे बिना कंपनी कैसे चलती है। कंपनी के काम में सुधार आया और वह घाटे से उबरकर आगे उन्नति करने लगी। मिथुन को लोग भूल गए। इस प्रकार मिथुन का कैरियर रुक गया, क्योंकि वह अपने नकारात्मकता के जाल से निकल नहीं सका।

बोन्साई ट्रेप से मुक्त न होना : रुस्तम की कहानी

रुस्तम एक उद्यमप्रिय और पूरी तरह से प्रोफेशनल लीडर था। उसमें एक अच्छे मैनेजर के साथ-साथ एक सफल तकनीकी विशेषज्ञ के गुण भी थे। वह अपने व्यवसाय को और आगे ले जाने का रास्ता जानता था। अपनी पेशेवर काबिलियत के बलबूते वह अंतरराष्ट्रीय कंपनी में बहुत तेजी से तरक्की कर रहा था। उसके अनुभव को देखते हुए उसे कंपनी की एक राष्ट्रीय इकाई का नेतृत्व सौंपा गया।

राष्ट्रीय प्रमुख के रूप में रुस्तम को 8 शीर्ष नेताओं के सहयोग से एक प्रभावशाली टीम बनानी थी। कंपनी की स्थानीय कार्यप्रणाली, स्थानीय ग्राहकों, वित्तीय मामलों और कंपनी के संबंधों के बारे में उसके सहकर्मी उससे ज्यादा जानते थे।

ऐसी स्थिति में यह सोचकर काम करना चाहिए कि आप अपने इर्द-गिर्द ऐसे मैनेजरों से घिरे हुए हैं, जो अपने-अपने काम में कुशल हैं। ऐसे हालात में आपको सिर्फ यह सुनिश्चित करना चाहिए कि लोगों की योग्यता या कौशल का सही जगह और सही समय पर अधिकतम सदुपयोग हो। यानी एक प्रकार से भूमिका आर्केस्ट्रा के संचालक की तरह है। रुस्तम इस बात को समझता था। हालाँकि उसकी टीम को उसके व्यवहार से ऐसा नहीं लगता था।

लगभग 18 माह बाद हेडक्वार्टर के उच्चाधिकारी गॉर्डन (Gorden) को

कंपनी में असंतोष के स्वर सुनाई दिए। दूर से आनेवाली रिपोर्ट मुश्किल खड़ी कर देती है। हर शिकायत पर हैडक्वार्टर से कोई नहीं पहुँच सकता, क्योंकि इससे राष्ट्रीय कंपनी में संतुलन बिगड़ता है। हेडक्वार्टर राष्ट्रीय इकाई के लिए नया लीडर चुनने से पहले खूब सोच-विचार और जाँच-परख करता है। उसके बाद वह उस लीडर को स्वीकृत शर्तों व कार्यों के अनुसार आगे बढ़ने की स्वतंत्रता देता है।

शुरू में तो गॉर्डन ने विशेष ध्यान नहीं दिया, लेकिन धीरे-धीरे उन्हें लगने लगा कि यह सिर्फ एक संकेत भर नहीं है, बल्कि एक संदेश है। संकेत से संदेश और फिर संदेश से स्पष्ट संदेश-दूर से प्रबंधन सँभालने वाले किसी व्यक्ति के लिए इस क्रमिक प्रक्रिया को ध्यान में रखना बहुत जरूरी है। गॉर्डन ने प्रत्यक्ष देखने का फैसला किया। दौरों और डिनर मीटिंग के चक्कर में पड़ने की बजाय गॉर्डन ने रुस्तम के साथ सीधे कई बैठकें की। यह कोई असामान्य बात भी नहीं थी, क्योंकि उस अंतरराष्ट्रीय कंपनी की एच.आर. संबंधी कार्य-व्यवस्था इस प्रकार की बैठकों को बढ़ावा देती थी।

इन बैठकों के दौरान गॉर्डन को लगा कि कंपनी में काफी असंतोष है। इस असंतोष का कारण था रुस्तम का व्यवहार। उसे सब लोग 'मूडी' समझते थे। वह वरिष्ठ सहकर्मियों को सबके सामने डाँट-फटकार लगा देता था। अपनी पद-प्रतिष्ठा को लेकर वह कुछ ज्यादा ही महत्वाकांक्षी था। 'वह अपने आपको ही सबकुछ समझता है'—एक कर्मचारी ने गॉर्डन को बातचीत में सीधे यह कहा था तो कर्मचारियों ने रुस्तम की काबिलियत की तारीफ भी की थी। सभी कर्मचारियों ने एक स्वर में कहा कि भले ही रुस्तम का व्यवहार अच्छा नहीं है, लेकिन संगठन के लिए उसकी भूमिका को यूँ नजरअंदाज नहीं किया जा सकता।

दौरे के अंत में गॉर्डन इस बात को लेकर बहुत परेशान था कि उसे क्या करना चाहिए। उसकी समझ में कुछ नहीं आ रहा था। वह विदेशी भी था। उसे यह डर भी था कि संगठन में स्थानीय राजनीति न हो रही हो। दूसरी ओर, रुस्तम के तौर-तरीकों के कई सकारात्मक पहलू भी उसके सामने थे। उसका सकारात्मक और सक्रिय रवैया, ग्राहकों को खुश रखने का उसका तौर-तरीका और सबसे बड़ी बात, कंपनी और कंपनी के उच्चाधिकारियों के प्रति उसकी प्रतिबद्धता।

तदनुसार ऐसी संभावना भी थी कि कोई छोटा-मोटा गुट रुस्तम को आगे बढ़ने से रोकना चाहता हो। उधर, रुस्तम के स्वभाव के नकारात्मक पहलुओं पर भी खासी तीखी प्रतिक्रिया आ रही थी। अप्रत्यक्ष संदेश यह था कि नकारने के बजाय रुस्तम में सुधार लाया जाए। 45-50 वर्ष की उम्र के लीडर को सुधारा जाए तो

कैसे—गॉर्डन के सामने यह एक गंभीर प्रश्न था?

हैडक्वार्टर वापस लौटकर गॉर्डन ने इस विषय पर अपने विश्वसनीय सलाहकारों से बात की और फैसला लिया कि वह सीधे संदेशों के जरिए रुस्तम के साथ जुड़ा रहेगा। उसने अपनी बात को संदेश के इस शैली में लिखा—'जैसा मेरे सुनने में आया है।' बहुत सोच-समझकर और पूरी सावधानी से उसने अपने नोट का अंतिम प्रारूप तैयार किया था। तीस साल के कैरियर में किसी नोट को अंतिम रूप देने में उसने शायद ही कभी इतनी मेहनत की होगी।

गॉर्डन का संदेश पढ़कर रुस्तम के पैरों तले से जमीन खिसक गई। वह गॉर्डन के साथ इस विषय पर और बात करना चाहता था। गॉर्डन को लग रहा था कि अब वह रुस्तम की मदद कर सकता है। दोनों ने कुछ बैठकें की और अपनी आगे की कार्य-योजना बनाई। रुस्तम भी आश्वस्त था कि आगे का रास्ता तैयार करना कोई बहुत मुश्किल काम नहीं है। गॉर्डन चाहता था कि रुस्तम को एक मौका दिया जाए जिससे वह आत्म-मंथन करके अपने आपको बदल सके।

गॉर्डन और रुस्तम का रिश्ता अब एक बॉस और अधीनस्थ का न रहकर एक शिक्षक और शिक्षार्थी का बन गया था। यह प्रक्रिया रंग लाई। ऐसा नहीं है कि रुस्तम बिलकुल ही बदल गया, लेकिन उसके अधीनस्थों ने स्वयं महसूस किया कि वह अपने व्यवहार व स्वभाव के नकारात्मक पहलुओं को सुधारने की ईमानदार कोशिश कर रहा था। अब उसके सहकर्मी भी उसके साथ खुलने लगे थे।

इस बदलाव का श्रेय रुस्तम से ज्यादा गॉर्डन को है। रुस्तम में बदलने की इच्छा-शक्ति थी। गॉर्डन ने उसकी इस इच्छा-शक्ति को कार्य रूप देने और उसके लिए रास्ता बनाने में उसकी मदद की। अगले कुछ महीनों में स्थिति में तेजी से सुधार आया। ऐसा नहीं है कि रुस्तम ने एकदम ही अपना 'मूड' बदल लिया या अपनी घमंडी प्रवृत्ति को दबा दिया था। फर्क यह हुआ था कि अब उसे अपने स्वभाव और व्यवहार की नकारात्मक बातें पता चलतीं तो वह आत्ममंथन करता था और उन्हें बदलने की कोशिश करता था। इस प्रकार आत्म-जागृति और व्यवहार में थोड़े से बदलाव ने कमाल दिखाया।

नकारात्मकता का जाल सिर्फ व्यक्तिगत व्यवहार तक ही सीमित नहीं रहता; इसमें लीडर की सोच और दृष्टिकोण भी शामिल है, जैसाकि अगले खंड में बताया गया है। सच यह है कि कभी-कभी स्वयं कंपनियाँ ही आत्मघाती आदतें पाल लेती हैं। जैसा प्रो. जगदीश सेठ की पुस्तक में बताया गया है (देखें बॉक्स 9.1)।

बॉक्स 9.1 आत्मघाती आदतें

बेल साउथ के चेयरमैन एफ. डॉने एकरमैन (F. Duane Ackerman) ने एक बार प्रो. जगदीश सेठ से पूछा—'अच्छी कंपनियाँ क्यों असफल हो जाती हैं?' प्रो. ने इस प्रश्न की गंभीरता को समझा और उन कंपनियों पर शोध शुरू किया जो अपने समय में बड़ी कंपनियों में गिनी जाती थीं; लेकिन बाद में मिट गई थीं। उन्होंने पाया कि धीरे-धीरे अपनाई गई आदतों के कारण ये कंपनियाँ अपने आपको सँभाल नहीं पाईं और पतन के रास्ते पर आ गईं।

उन्होंने यह भी निष्कर्ष निकाला कि अच्छी कंपनियाँ भी तभी कामयाब हो पाती हैं जब वे अपनी आत्मघाती आदतों को पहचानकर उनसे बचने के उपाय कर सकें। इस प्रकार कंपनियों के भी अपने नकारात्मकता जाल होते हैं। प्रो. जगदीश सेठ ने जिन आत्मघाती आदतों की बात की हैं, वे हैं—

1. सच्चाई या यथार्थ से दूरी : मिथक, रिवाज या परंपरा को बदलने की अनिच्छा।
2. अभिमान : गर्व की सीमा से आगे।
3. आत्मतुष्टि : सफलता अति आत्मविश्वास को जन्म देती है, जो असफलता का कारण बनता है।
4. दूसरों पर निर्भरता।
5. प्रतिस्पर्धा के कारण उत्पन्न अदूरदृष्टि : प्रतिस्पर्धा के चक्कर में आगे की नहीं सोच पाना।
6. क्षेत्रीयता : क्षेत्रीयता या संस्कृति की विभिन्नता के कारण पैदा होने वाले झंझट।
7. परिमाण की चिंता : गिरती लाभ दर और बढ़ती लागतें।

स्पष्ट है कि कंपनियों के नकारात्मकता के जाल भी लीडर के नकारात्मकता के जाल की तरह ही हैं।

फिसलने की भूल

ऐसी अनेक कहानियाँ सुनने को मिलतीं हैं, जिनसे पता चलता है कि सफल और प्रभावशाली लोग भी यथार्थ से कैसे दूर हो जाते हैं। ब्रिटिश पेट्रोलियम (BP) के पूर्व चेयरमैन लॉर्ड जॉन ब्राउने ने अपने संस्मरण में एक कहानी दोहराई है।[3]

सन् 1948 में हम्बर्ग में जॉन ब्राउने का जन्म हुआ था। उनके पिता एडमंड ब्रिटिश सैन्य अधिकारी थे और माता पाउला(Paula) हंगरियन थीं, जो ऑसविट्ज

(Auschwitz) से बचकर भागी थीं। पिता एडमंड ब्लैक रैट्स टैंक रेजीमेंट में एक दृढ़-निश्चयी अधिकारी थे, जबकि माता पाउला ट्रांसिलवेनिया (रोमानिया) की शरणार्थी। उनका परिवार नाजी कैंपों में खत्म हो गया था। इस प्रकार, जॉन ब्राउने का पालन-पोषण बहुत मुश्किल परिस्थितियों में हुआ था।

जॉन ने फिजिक्स और बिजनेस मैनेजमेंट की पढ़ाई की और सन् 1966 में ब्रिटिश पेट्रोलियम से कैरियर शुरू किया। उनका कैरियर बहुत तेजी से आगे बढ़ा और 29 वर्ष में वह ग्रुप के सी.ई.ओ. बन गए। उसके बारह वर्ष बाद सन् 2007 में एक गंभीर और दुर्भाग्यपूर्ण विवाद के चलते उन्होंने चेयरमैन के पद से त्यागपत्र दिया। उनके पतन के पीछे क्या कारण हो सकते हैं।

एक कंपनी के रूप में ब्रिटिश पेट्रोलियम उनके लिए बेहतर संगठन था। वह अविवाहित थे और एक माँ के अलावा उनका कोई और सामाजिक संबंधी नहीं था। कर्मचारियों के साथ उनके कठोर व्यवहार और गलती न बरदाश्त कर पाने की उनकी आदत शायद एक बड़ा कारण रही। अपने एकाकीपन के बारे में ब्राउने स्वयं बताते हैं—

'बी.पी. में काम की व्यस्तता और अपने निजी जीवन का एकाकीपन मुझे अखरता था। ऑफिस से निकलना तो जैसे मैं जानता ही नहीं था। मुझे हमेशा कोई-न-कोई काम दिखाई देता था। वैसे ऑफिस में देर तक रुकने का यह अच्छा कारण नहीं है।'

उन्होंने ऐसे फैसले भी स्वयं ही लेने शुरू कर दिया जिन पर दूसरे लोगों से चर्चा और आम सहमति की जरूरत होती थी। अपनी पुस्तक में उन्होंने स्वयं स्वीकार किया है कि घमंड और आत्मतुष्टि की उनकी अपनी प्रवृत्ति के चलते बी.पी. अलास्का में तेल छलकने से हुए भारी नुकसान को रोकने में नाकामयाब रहे थे। 'एक लीडर के लिए आत्मविश्वास, घमंड और विनम्रता के बीच नाजुक संतुलन बनाकर चलना बहुत मुश्किल है। निर्णय लेने और व्यवसाय को आगे ले जाने के लिए आत्मविश्वास की जरूरत होती है, लेकिन घमंड या अति आत्मविश्वास के चलते कभी-कभी पूरी स्थिति पर विचार किए बिना ही आप फैसला ले लेते हैं' - जॉन ने लिखा है।

जॉन स्वयं बहुत मेहनती थे और बहुत मृदुभाषी भी थे। मासिक बैठकों में वह मैनेजरों से उनके काम के एक-एक पहलू पर चर्चा करते थे। काम के बारे में वह इतनी गहराई से पूछताछ करते थे कि मैनेजर उनसे डरते थे। तेल छलकने के मामले

में उन्हें लीक डिटेक्शन सिस्टम पर पूरा भरोसा था। फिर भी अलास्का में तेल छलका, जिसने उन्हें यह सोचने के लिए विवश कर दिया कि काश, किसी ने मुझे चुनौती दी होती कि "हमें कुछ और पूछने और जानने की जरूरत है।" उनके रुतबे से चौंधियाए उनके निकटतम सहयोगी उनका स्थान लेने की कोशिश में थे।

जॉन एक सुलझे हुए और संयमित व्यक्ति थे। साफ-सफाई और व्यवस्था पर वह इतना ध्यान देते थे कि ऑफिस में लगता ही नहीं था कि कोई काम हो रहा है। वह किसी तरह की कोताही बिलकुल नहीं बरदाश्त कर सकते थे। उनके अधीनस्थ उनसे हमेशा डरे रहते थे। भले ही ब्राउने जान-बूझकर ऐसा नहीं करते होंगे, लेकिन वह ऐसे ही थे।

अब आप सोच रहे होंगे कि क्या इसमें कोई खास बात थी। पतन की ज्यादातर कहानियाँ लगभग एक जैसी ही लगती हैं। यह पहलू स्वयं में अध्ययन का एक विषय है।

सात घातक आदतें

सन् 1997 में टक बिजनेस स्कूल के एक प्रोफेसर सिडनी फिंकल्सटीन (Sydney Finkelstein) ने नाकामयाब हुई 40 कंपनियों के 197 मैनेजरों का साक्षात्कार लिया था।[4] अपने शोध से उन्होंने निष्कर्ष निकाला कि नकारात्मकता के जाल में फँसे कंपनी लीडर्स की सात आत्मघाती आदतें होती हैं—

1. वे अपने और अपनी कंपनी के बारे में हमेशा अतिशयोक्तिपूर्ण सोच रखते हैं। अपनी भूमिका और योग्यता को वे ज्यादा महत्त्वपूर्ण समझते हैं और स्थिति, परिस्थिति और संयोग को कम महत्त्व देते हैं। कंपनी में किए गए अपने योगदान को वे बहुत बढ़ा-चढ़ाकर देखते हैं।
2. वे अपने और अपनी कंपनी के बीच कोई फर्क नहीं मानते। अंशधारकों के पैसे से वे कई बार बिना सोचे-समझे बड़ी जोखिम उठा ले लेते हैं, क्योंकि वे स्वयं को उद्यमी मानते हैं। अपने कॉरपोरेशन या कंपनी को अपने व्यक्तिगत हित या पसंद के काम में लगा देते हैं। अंशधारकों के हित-अहित पर वे ध्यान नहीं दे पाते। किसी बड़ी कंपनी का सी.ई.ओ. किसी देश के राजा से कम नहीं होता।
3. वे ऐसे व्यवहार करते हैं जैसे उन्हें सारे प्रश्नों के जवाब पता है। कई शीर्ष स्तर के सहकर्मियों को वे इस रूप में देखते हैं मानो वे सी.ई.ओ. के प्रयासों को असफल बनाना चाहते हैं। निर्णय-निर्धारण की प्रक्रिया से वे अपनी

सीनियर टीम को अलग रखने की कोशिश करते हैं। वे अपना निजी स्टाफ रखते हैं, जिनके माध्यम से वे धीरे-धीरे सारी गतिविधियों पर अपना नियंत्रण जमा लेते हैं।

4. अगर टीम का कोई सदस्य पूरी तरह से लीडर का फॉलोअर नहीं है तो वह लीडर की टीम से बाहर होता है। कुछ लीडर स्पष्ट रूप से या हाव-भाव के माध्यम से ऐसा जाहिर करते हैं कि उन्हें असहमति के स्वर सुनना पसंद नहीं है। इससे धीरे-धीरे उसके सहकर्मी अपनी राय देना बंद कर देते हैं, जिसका परिणाम यह होता है कि उस लीडर की प्रभावशीलता के साथ-साथ कर्मचारियों का उत्साह भी प्रभावित हो जाता है।
5. आम लोगों में लीडर की जो छवि है, उसे लेकर वह इतना संवेदनशील हो जाता है कि एक तरह से यह उसकी सनक बन जाती है। कुछ लीडर लोगों में अपनी छवि बनाने के लिए खुलकर काम करते हैं, जबकि कुछ गुप्त रूप से ऐसा करते हैं। लीडर जितना समय अपनी छवि और प्रतिष्ठा बनाने में लगाते हैं उतना समय कंपनी के काम में नहीं लगाते।
6. बड़ी-बड़ी बाधाओं को वे कुछ नहीं समझते। वे कुछ ज्यादा ही आशावादी होते हैं, क्योंकि उन्हें लगता है के वे अगर चाहें तो बड़ी-बड़ी बाधाएँ दूर हो जाती हैं। तकनीक के वे इतने जानकार होते हैं कि उनके पास हर समस्या का तकनीकी हल होता है। अपनी गलती मानने को वे कभी तैयार नहीं होते।
7. समस्याओं के हल के लिए वे नए तरीके या विचार स्वीकार करने को तैयार नहीं होते और अपने पुराने अनुभव से ही चिपके रहना चाहते हैं।

संक्षेप में, ये सात आदतें अंतर्मुखी शैली की ओर संकेत करती हैं, ऐसी शैली जो सहकर्मियों और टीम के सदस्यों पर नकारात्मक प्रभाव डालती हैं।

बॉक्स 7.2 : बुनियादी संदेश

1. हर व्यक्ति के व्यवहार और व्यक्तित्व में कुछ-न-कुछ कमजोरियाँ होती ही हैं, जिन्हें पूरी तरह से खत्म नहीं किया जा सकता, लेकिन उन पर नियंत्रण जरूर पाया जा सकता है। इन्हीं कमजोरियों को नकारात्मकता का जाल कहते हैं।
2. इन कमजोरियों को समझना और उन्हें कम करने के लिए अपने स्वभाव व व्यवहार में बदलाव लाना सफलता के लिए बहुत जरूरी है। अगर आप ऐसा नहीं कर सकते तो फिर आप नकारात्मकता के जाल से नहीं बच सकते।

3. सजग और सतर्क रहते हुए नकारात्मकता के जाल के प्रभाव को कम करने के प्रयास करते रहने और बदलाव के लिए अपने-आपको तैयार रखने से इस जाल से बाहर निकलने में मदद मिलती है।
4. लीडर के व्यवहार में कुछ हानिकारक या नकारात्मक पहलू होते हैं, जिनकी पहचान करके उनके प्रभाव को कम किया जा सकता है।

संदर्भ

1. सी.सी.एल. गाइड टू लीडरशिप इन एक्शन, मार्टिन विलकॉक्स एवं स्टीफन रश द्वारा संपादित, जोसी बास, 2004
2. द सेल्फ डेस्ट्रक्टिव हैबिट्स ऑफ गुड कंपनीज, जगदीश सेठ, पीयरसन एजूकेशन, 2007
3. बियॉण्ड बिजनेस, जॉन ब्राउने, वीडनफेल्ड एवं निकोल्सन, 2010
4. 'व्हाइ स्मार्ट एग्जिक्यूटिव्स फेल' सिडनी, फिंकल्स्टीन, पोर्टफोलियो, पेंग्विन, 2003

□

10

प्रतिबद्धता

बिना पदानुक्रम, बिना प्रभुत्व

''व्यक्ति स्वयं वैसा ही बने जैसा बनने की उसमें क्षमता व संभाव्यता है।''

—थॉमस कार्लायल

पुस्तक के इस खंड में हम 'लोगों की दुनिया' पर चर्चा कर रहे हैं। अध्याय 8 में हमने चर्चा की कि किस प्रकार आप किसी विषय पर अपनी सकारात्मक या नकारात्मक राय प्रकट करने के लिए उपयुक्त तरीका खोज सकते हैं। सही समय पर अपनी राय न प्रकट करने के जो अवांछित परिणाम होते हैं वे प्राय: ऐसे माहौल को जन्म देते हैं, जिसे हम 'ऑफिस की राजनीति' का नाम दे सकते हैं।

अध्याय 8 में हमने देखा कि किस प्रकार 'ना' की जगह पर 'हाँ' या 'हाँ' की जगह पर 'ना' का संदेश पहुँच जाता है। हमारे अधीनस्थ, हमारे समकक्षी या अधिकारी प्राय: हमारे शब्दों से ज्यादा हमारे हाव-भाव पर ध्यान देते हैं। इस प्रकार उन्हें वह संदेश मिल जाता है जो हम कहना नहीं चाहते। शब्दों के पीछे जो संदेश छिपा होता है वह प्राय: सही होता है, जबकि हमारा उन्हें प्रकट करने का कोई इरादा नहीं होता।

प्रस्तुत अध्याय में इस विषय पर चर्चा की गई है कि मैनेजर किस प्रकार

अपने काम से जुड़ा रहता है। प्रोफेशनल मैनेजर स्पष्ट अधिकार और जिम्मेदारी की अपेक्षा करते हैं। संगठनात्मक चार्ट तैयार करना, कार्य-विवरण तैयार करना, व्यावसायिक संबंधों और सपोर्ट सर्विस की रिपोर्टिंग करना—ये सब कार्य इतने महत्त्वपूर्ण हो जाते हैं कि मैनेजर इन्हीं का होकर रह जाता है; यानी इनके बिना वह अपना काम ही नहीं कर सकता। अकसर उद्यम या संगठन के वरिष्ठ पद के लिए यह एक कमजोरी बन जाती है।

एक लीडर की कैरियर यात्रा में तीन चरण आते हैं जिनके दौरान वह ज्ञात समस्याओं को ज्ञात साधनों से हल करना और अज्ञात समस्याओं को अज्ञात साधनों से हल करना सीखता है। कैरियर के उत्तरार्द्ध में वह ऐसी स्थिति में आ जाता है जहाँ न कोई पद होता है और न कोई अधिकार।

संबंधों में बदलाव और लगाव

कैरियर की राह पर आगे बढ़ते हुए संबंधों में जो बदलाव आते हैं, उन्हें समझने के दो मॉडल हैं—पहला है, 'एस्केलेटर मॉडल' (Escalator Model) और दूसरा है, 'कंसेंट्रिक सर्कल्स मॉडल' (Concentric Circles Model)। दोनों ही मॉडल एक जैसा संदेश देते हैं।

एस्केलेटर मॉडल

एस्केलेटर मॉडल में कैरियर के शुरुआती चरणों में, गैर-अनुभवी एक्जिक्यूटिव से यह अपेक्षा की जाती है कि वह संबंधों का प्रयोग उन ज्ञात समस्याओं को हल करने में करेगा, जिनका हल भी ज्ञात है। उदाहरण के लिए, उसे कोई छोटी सेल्स इकाई चलाने या प्रोडक्शन शॉप फ्लोर चलाने का काम सौंपा जा सकता है। इस काम में जो समस्याएँ संभावित हैं, उनके बारे में जानकारी होती है और साथ ही उन समस्याओं का हल भी ज्ञात होता है। इसका उद्देश्य युवा और गैर-अनुभवी व्यक्ति को धीरे-धीरे मैनेजर की भूमिका से परिचित कराना है।

दूसरे चरण में उसे ऐसी भूमिका दी जा सकती है जिसमें उसे ज्ञात समस्याओं को अज्ञात साधनों से या अज्ञात समस्याओं को ज्ञात साधनों से हल करना होता है। उदाहरण के लिए, किसी कठिन डिस्ट्रीब्यूटर या श्रमिक संघ का कोई लंबित मामला सुलझाना, नए निर्यात बाजार में उतरना या अपने से ज्यादा उम्र के लोगों की टीम से काम लेना।

एस्केलेटर मॉडल के उत्तर चरण में एक्जिक्यूटिव के सामने अज्ञात समस्याएँ होती हैं और उनका हल भी अज्ञात होता है। उदाहरण के लिए, किसी महत्त्वपूर्ण व्यावसायिक इकाई की जिम्मेदारी, व्यावसायिक कार्यों की रिपोर्टिंग करना, कई छोटी-छोटी व्यावसायिक योजनाओं को एक साथ मिलाकर एक बड़ी व्यावसायिक इकाई तैयार करना या फिर बड़े बाजार क्षेत्र में उतरने के लिए कोई नया व्यवसाय मॉडल तैयार करना।

कंसेंट्रिक सर्कल्स मॉडल

कंसेंट्रिक सर्कल्स मॉडल में एक्जिक्यूटिव का उन सब संसाधनों पर नियंत्रण होता है जिनकी उसे अपने कार्य-संचालन के लिए जरूरत होती है।[1]

इसके भीतरी चरण में एक्जिक्यूटिव का आवश्यक संसाधनों पर लगभग पूर्ण अधिकार होता है और उसके कार्य उद्‌देश्य भी निश्चित होते हैं। उदाहरण के लिए हर तिमाही पर अपना बिक्री लक्ष्य हासिल करना।

मध्य चरण में उसके कार्य-उद्‌देश्य तो स्पष्ट होते हैं, लेकिन आवश्यक संसाधनों पर उसका पूर्ण अधिकार नहीं होता। उदाहरण के लिए, उसे काम कराना होता है और इसके लिए उसे पूरे संगठन के सहयोग की आवश्यकता होती है। इसके लिए उसे अपने प्रभाव व बातचीत की कुशलता का इस्तेमाल करना पड़ता है।

बाह्य चरण में कार्य-उद्‌देश्य के लिए आवश्यक संसाधनों पर उसका थोड़ा-बहुत अधिकार होता है। अपने काम के लिए लगभग पूरी तरह अपने प्रभाव व बातचीत की कुशलता पर निर्भर रहना पड़ता है। उदाहरण के लिए, किसी देश में निवेश करने के लिए वहाँ की सार्वभौम सरकार से अनुमति प्राप्त करना।

इस प्रकार अपने कैरियर के रास्ते पर एक्जिक्यूटिव जैसे-जैसे आगे बढ़ता जाता है, वैसे-वैसे उसके कार्य व कार्य करने की शर्तें एवं स्थितियाँ भी बदलती रहती हैं। न सिखाई जानेवाली बात को सीखने का एक महत्त्वपूर्ण पहलू है पद या अधिकार के बिना काम करने के लिए अपने आपको तैयार करना। इस अध्याय में हम इसी विषय पर चर्चा कर रहे हैं।

लगता यही है कि तीनों मॉडलों में अवस्था परिवर्तन लंबे-लंबे अंतराल के बाद होता है, लेकिन ऐसा नहीं है। नीचे तीन अवस्थाएँ दी हुई हैं।

पहली अवस्था में व्यक्ति प्रोफेशनल मैनेजर नहीं बन पाता, पर कोई उद्यम शुरू कर देता है। इस प्रकार शुरुआत में ही वह 'अज्ञात' समस्याओं में उलझ जाता है। कुमार की कहानी कुछ ऐसी ही है।

दूसरी अवस्था एक ऐसे मैनेजर की है जो ब्लूचिप बहुराष्ट्रीय कंपनियों में काम कर चुका होता है और फिर किसी भारतीय व्यावसायिक समूह में वरिष्ठ पद सँभालता है। बहुराष्ट्रीय कंपनियों का अपना एक निर्धारित ऑर्गेनाइजेशन चार्ट और कार्य-विवरण होता है। साथ ही अधिकार एवं उत्तरदायित्व भी स्पष्ट होते हैं। उनकी व्यवस्था प्रक्रिया मूलक होती है। दूसरी ओर भारतीय कंपनियाँ इन मामलों में थोड़ी लचीली हैं। 'कौन का मामला' बहुराष्ट्रीय कंपनियों की अपेक्षा भारतीय कंपनियों में ज्यादा बड़ा होता है।

तीसरी अवस्था एक प्रतिभाशाली मैनेजर की कहानी जैसी है, जिसे अपनी बिल्डिंग सोसाइटी का अध्यक्ष बनना एक अप्रत्याशित चुनौती लगता है।

कुमार : एक उद्यमी

कुमार की कहानी असमंजस की उन स्थितियों को रेखांकित करती है जो किसी अनजानी राह पर चलने के कारण उत्पन्न होती है। 40-45 वर्ष के कुमार आज एक सफल स्वतंत्र फिल्म लेखक हैं। फिल्म प्रोड्यूस करने और उनका निर्देशन करने के लिए उन्होंने एक कंपनी भी शुरू की है।

कुमार एक सेवानिवृत्त जज की संतान हैं। उनकी एक बहन और दो भाई हैं। एक मध्यमवर्गीय परिवार में जनमे कुमार को कड़ी मेहनत करके पढ़ाई करने और अच्छी आय वाली कोई नौकरी के लिए लगातार प्रोत्साहन मिलता रहा। बड़ी बहन और भाई ने तो ऐसा ही किया, लेकिन युवा कुमार अपने भाई-बहनों से अलग थे।

परीक्षा में उत्तीर्ण होने और पिता को खुश करने के लिए वह पढ़ाई में खूब मेहनत करते थे। उन्होंने वाणिज्य में स्नातक डिग्री प्राप्त की और एक जानी-मानी अकाउंटिंग फर्म के साथ अपने प्रोजेक्ट पूरे किए। सबकुछ वह अपने पिता की इच्छा के अनुसार ही कर रहे थे। वाणिज्य और अकाउंटेंसी उन्होंने पढ़ी जरूर थी, लेकिन वह प्रोफेशनल अकाउंटेंट नहीं बनना चाहते थे। दरअसल, वह स्वतंत्र रहकर काम करना चाहते थे, जबकि प्रोफेशनल अकाउंटेंट बनने के बाद उन्हें कार्य-व्यवस्था की सीमाओं में बँधकर रहना पड़ता।

कुमार के मन में फिल्मों में कैरियर बनाने का एक सपना था, जो किसी मध्यमवर्गीय परिवार के व्यक्ति के लिए लीक से हटकर था। उन्हें हिंदी फिल्में देखना बहुत अच्छा लगता था और वह स्वयं फिल्मी दुनिया का हिस्सा बनना चाहते थे।

'आनंद' फिल्म में राजेश खन्ना को देखा तो कुमार स्वयं को उसी भूमिका में महसूस करके बहुत खुश हुए थे। उसके बाद जब उन्होंने अख्तर की स्क्रिप्ट (पटकथा) पढ़ी तो स्वयं को पटकथा लेखक के रूप में देखने लगे। वह चुपचाप अपने सपनों में खोए रहे। उन्हें विश्वास था कि उनके भीतर वह प्रतिभा है, जो फिल्मी दुनिया में उन्हें स्थापित कर सकती है।

कुमार को फिल्मों में बहुत आनंद आता था। सफलता का अर्थ यही होता है कि आपके पास जो प्रतिभा का संसाधन है उसका सर्वोत्तम उपयोग करें। तो कुमार क्यों सफल नहीं हो सके! दरअसल वह आगे जाने के लिए सिर्फ एक ही रास्ता देख पा रहे थे।

पच्चीस वर्षीय कुमार ने एक दिन अपने घरवालों का बता ही दिया कि वह फिल्मी दुनिया में जाना चाहते हैं। उनके पिता उनके इस फैसले पर हैरान थे। वह सोच रहे थे कि कुमार कुछ दिन फिल्मों में इधर-उधर हाथ-पैर मारेगा, फिर सब कुछ छोड़कर आएगा और किसी फर्म में अकाउंटेंट की नौकरी कर लेगा।

बी.कॉम. और ए.सी.ए. डिग्रीधारी कुमार ने एक नाटक कंपनी शुरू की, जिसमें पटकथा लेखन, अभिनय और निर्देशन का काम वह स्वयं करने लगे। अपने सपनों की दुनिया में पहुँचकर वह वाणिज्य की दुनिया को भूल ही गए। सात वर्षों तक वह लगातार संघर्ष करते रहे, लेकिन उन्हें कोई रास्ता दिखाई नहीं दे रहा था। वह अपनी ही दुनिया में खोकर रह गए, हालाँकि हर पल को उसने खूब आनंद से जीया।

कुमार अपने लिए स्वयं काम या रास्ता चुन सकते थे, क्योंकि घरवालों का सहयोग उन्हें मिल रहा था। अगर घरवाले सहयोग नहीं करते तो उन्हें दूसरा काम स्वीकार करना ही पड़ता। इस प्रकार पारिवारिक सहयोग ने फिल्मों में आने की उन्हें हिम्मत दी, लेकिन अपने लिए वैकल्पिक रास्ता उन्होंने स्वयं चुना। ऐसा रास्ता, जिसका कोई विकल्प नहीं था।

जब कुमार 25-30 वर्ष की उम्र के थे तब घरवालों को सफलता की उम्मीद दिखाई दे रही थी। कुमार ने एक टी.वी. धारावाहिक में काम किया था,

जो काफी सफल रहा। उसके बाद उन्होंने पीछे मुड़कर नहीं देखा। वह खुश हैं कि उनके मन में अपने लक्ष्य के प्रति एक निष्ठा थी तो उन्होंने सफल होने के लिए अपनी प्रतिभा विकसित की।

कुमार की कहानी दर्शाती है कि किस प्रकार व्यक्ति के सामने कई बार असमंजस की स्थिति पैदा होती है। कुमार की पृष्ठभूमि उन्हें पढ़ाई करके किसी अच्छी फर्म में अकाउंटेंट बनने के लिए प्रोत्साहित कर रही थी। ऐसे में कुमार ने बिलकुल अज्ञात दुनिया में उतरने का जोखिम क्यों उठाया? इसके कारण उन्होंने स्वयं बताए हैं—

अंतरात्मा की आवाज और जुनून

कुमार की अंतरात्मा उन्हें हर रोज आवाज देती थी। फिल्मों की दुनिया उनके लिए नई जरूर थी; लेकिन इससे वह विचलित नहीं हुए, बल्कि इसके नएपन ने ही उन्हें ज्यादा आकर्षित किया। जैसे कोई अन्वेषक मानचित्र की बजाय कंपास रखना ज्यादा पसंद करता है। कुमार फिल्मी दुनिया की ओर खींचते चले गए।

अच्छी व्यावसायिक संभावनाएँ

फिल्मी दुनिया में आने के साथ ही कुमार अकाउंटेंसी की दुनिया से बाहर होने लगे। उन्हें इस काम में दिलचस्पी भी नहीं थी। उन्होंने मुझे स्वयं बताया 'मैंने अकाउंटेंसी पढ़ी तो पिताजी की इच्छा रखने के लिए और इसलिए कि मैं आत्मविश्वास के साथ कह सकूँ कि मैंने यह कैरियर क्यों छोड़ा? पर एक कंपनी की कार्य-व्यवस्था के बंधन में रहना मुझे बिलकुल पसंद नहीं था।'

सामाजिक जुड़ाव के अवसर

कुमार एक मिलनसार व्यक्ति थे। उन्हें नए-नए लोगों से संबंध बनाना बहुत अच्छा लगता था। वह लोगों से इसलिए संबंध नहीं बनाते थे कि एक दिन वे उनके काम आएँगे, बल्कि इसलिए बनाते थे कि समाज से जुड़ा रहना उन्हें अच्छा लगता था। मैलकॉम ग्लैडवेल (Malcolm Gladwell) ने अपनी पुस्तक 'द टिपिंग प्वाइंट' में से लोगों को 'कनेक्टर' यानी 'संयोजक' कहा है। ऐसे लोग एक साथ कई संस्कृतियों और रीति-रिवाजों के साथ सामंजस्य बैठा लेते हैं। कुमार ऐसे ही लोगों में थे।

अलग करना

कुमार को पूरा विश्वास था कि अगर सचमुच हिंदी फिल्में अच्छी लगती हैं तो आप अपनी इस रुचि को अपनी जीविका का साधन भी बना सकते हैं। उन्हें मालूम था कि इसमें वह कुछ खास करके वे दिखा सकते हैं। वे यह भी जानते थे कि अगर इसमें उन्हें सफलता नहीं भी मिलेगी तो वापस अकाउंटेंसी की दुनिया में लौट सकते हैं।

काल्विन कुलिज (Calvin Coolidge) का यह उद्धरण देखिए—'हठ या निश्चय से बढ़कर इस दुनिया में कुछ भी नहीं है। प्रतिभा और योग्यता होते हुए भी व्यक्ति असफल हो सकता है, परंतु दृढ़-निश्चय सबसे ज्यादा शक्तिशाली है।'कुमार के मामले में यह उद्धरण बिलकुल सटीक बैठता है।

बहुराष्ट्रीय कंपनियों से माधव की वापसी

माधव विश्वस्तर की तीन-तीन बहुराष्ट्रीय कंपनियों में सफल कैरियर का मजा ले चुका था। इन 25 वर्षों में उसने राष्ट्रीय और अंतरराष्ट्रीय व्यापार का व्यापक अनुभव अर्जित किया था। वह एक भारतीय व्यावसायिक समूह में सीनियर फंक्शनल लीडर के रूप में नियुक्त हुआ।

सामान्यतया ऐसा मान लिया जाता है कि अगर आपके पास मैनेजमेंट की शिक्षा और सफल कैरियर का अनुभव है तो यह कई वर्षों के लिए वैध ड्राइविंग लाइसेंस की तरह है। आपको कार चलाना आता है, लेकिन इसका अर्थ यह नहीं होता कि आप दुनिया के किसी भी शहर में कार चला सकते हैं। हर शहर के अपने कुछ कानून-कायदे होते हैं। ड्राइवर को सड़कों की जानकारी भी होनी चाहिए।

इसी तरह नई कंपनी ज्वॉइन करने वाले मैनेजर को उस कंपनी के कानून-कायदों और रीति-रिवाजों की जानकारी जुटानी पड़ती है। यह बात तो तय है कि नए मैनेजर की चाल-ढाल बिलकुल वैसी ही होगी, जैसी लॉस एंजिल्स में किराए की कार में पहली बार ड्राइविंग सीट पर बैठे किसी ड्राइवर की होती है।

माधव ने बिलकुल अलग सोच के साथ नई कंपनी में काम शुरू किया। उसके मन में यही बात थी कि वह एक सफल मैनेजर है, इसीलिए उन्हें यह पद मिला। उनसे अपेक्षा की जाती है कि बहुराष्ट्रीय कंपनी की कार्य-व्यवस्था लागू करके भारतीय कंपनी का रूपांतरण करे।

माधव को लगता था कि भारतीय कंपनी षड्यंत्र और राजनीति का गढ़ है। उसे लगा कि मैनेजर अपने पद के अनुसार कार्य-व्यवहार नहीं कर रहे हैं। कुछ के पास ज्यादा अधिकार थे तो कुछ के पास कम। वह जानता था कि कई लोग ऐसे होंगे जो उसकी राय पर 'ना' तो कहेंगे, लेकिन उसका कोई विकल्प सामने नहीं रख पाएँगे।

भारतीय कंपनी में कोई भी इस तरह के रूपांतरण की जरूरत महसूस नहीं कर रहा था। कंपनी के मैनेजर दशकों से सफलतापूर्वक व्यवसाय सँभाल रहे थे। वे कंपनी में नई सोच और नई ऊर्जा लाने के लिए नए मैनेजर का स्वागत करने को तो तैयार थे, लेकिन ऐसे घमंडी व्यक्ति का नहीं जो स्वयं को शिक्षक की भूमिका में देखे। परिणाम का अंदाजा सहज ही लगाया जा सकता है।

माधव 12 महीने तक ही चल सका। उसके पास वैध ड्राइविंग लाइसेंस तो था, लेकिन नए शहर में वह कार नहीं चला सका; इसका सबसे बड़ा कारण उसका घमंड और कंपनी के कोर ग्रुप के महत्त्व को न समझ पाना था।

हर कंपनी का एक कोर ग्रुप होता है, जिसके बल पर कंपनी चलती है। जरूरी नहीं कि कोर ग्रुप के लोग शीर्ष स्तर पर ही हों। कोर ग्रुप के सदस्य ही कंपनी को ऊर्जा देते हैं। कोर ग्रुप के सदस्य संगठन में निजी या अनौपचारिक नेटवर्क का केंद्र होते हैं। कोर ग्रुप की ताकत अधिकारिक नहीं, बल्कि वैधानिक होती है।

शीर्ष स्तर पर कोई भी नेता तभी सफल हो सकता है, जब वह कोर ग्रुप के अस्तित्व और उसके महत्त्व को समझे।

बिल्डिंग एसोसिएशन का अध्यक्ष गिरीश

गिरीश अपने शहर का एक नामी बिजनेस लीडर था। उसके पास व्यापक ज्ञान और अनुभव था। कैरियर में आगे बढ़ते हुए उसे नए शहर में स्थानांतरित होना पड़ा। नए शहर में एक तीन मंजिला पुरानी बिल्डिंग में मकान लेकर वह अपने परिवार के साथ रहने लगा। बिल्डिंग में कुल सात परिवार रहते थे। बिल्डिंग की दीवारों पर संगमरमर की टाइलें लगी थीं, सीढ़ियाँ लकड़ी की थीं और अहाते में पार्किंग के लिए पर्याप्त जगह थी।

तीन साल में गिरीश के सामने कुछ सच्चाइयाँ आईं। पहली यह कि बाकी के छह परिवार कई वर्षों से उस बिल्डिंग में रह रहे थे। दूसरी वे कई बार

अलग-अलग मामलों को लेकर आपस में झगड़ा कर चुके थे। तीसरी, सच्चाई यह कि मनमुटाव और मतभेदों के चलते उनमें आपस में बातचीत तक नहीं थी। चौथी बात, वे सब-के-सब इस बात पर सहमत थे कि गिरीश को एसोसिएशन का नया अध्यक्ष बनाया जाए।

उनका तर्क था एसोसिएशन का मैनेजमेंट बारी-बारी से सबको मिलना चाहिए। गिरीश ने भी इस तर्क को माना। उसके पड़ोसियों का मानना था कि गिरीश की नेतृत्व कुशलता इसमें काम आएगी और लोग उसकी बातें मानेंगे।

गिरीश भी समझ नहीं पाया। उसने 'हाँ' कर दी। बस, उसके बाद से तो जैसे दुनिया ही बदल गई।

गिरीश को लगने लगा कि एसोसिएशन किसी पागलखाने से कम नहीं है। हर सदस्य के पास कोई-न-कोई समस्या थी, जबकि समाधान सुझाने वाला कोई नहीं था। आधी रात को जरा सी बात होती कि गिरीश को बुला लिया जाता। ऊपर वाले मकान में मरम्मत कार्य हो रहा है, इससे मुझे परेशानी हो रही है, नीचे वालों ने सीढ़ियों के नीचे इधर-उधर सामान फैला रखा है, वगैरह-वगैरह।

कहने के लिए वह अध्यक्ष था, लेकिन उसके फैसले पर सवाल उठाए जाते थे। एक बार उसने कहा कि पेड़ पर लगे आम तोड़कर सबको बाँट दिए जाएँ। इस पर एक पड़ोसी भड़क गया, क्योंकि आम के बँटवारे पर आम सहमति नहीं थी। इसी तरह एक बार जमादार ने चार महीने की तनख्वाह एडवांस माँगी। दूसरे सदस्यों से सलाह लिए बिना गिरीश कैसे एडवांस देता?

इसी तरह चलता रहा। गिरीश ने नियमों, उपनियमों का अध्ययन और एक अधिकार प्रपत्र तैयार किया। उसने सदस्यों की बैठक के लिए अग्रिम योजना तैयार करके कुछ व्यवस्था लाने की कोशिश की, वैसे ही जैसे उसके ऑफिस में होता था, लेकिन इनमें से कोई भी काम इतना आसान नहीं था। अंत में हारकर गिरीश ने अपना पद छोड़ दिया।

वह सोचने लगा कि अपनी कॉरपोरेट नौकरी में तो वह बड़े-बड़े फैसले स्वयं ले लेता है तो फिर एक छोटी सी एसोसिएशन क्यों नहीं चला पाया। पहले तो उसे लगा कि इसका कारण व्यवस्था और प्रक्रिया का अभाव है। इसका उपचार करने से भी कोई फायदा नहीं हुआ। तब उसे लगा कि इसके लिए लोगों को तैयार करने की जरूरत है। दिन भर काम करने के बाद पड़ोसियों के मामलों में उलझना बहुत ऊबाऊ था।

अंत में बात समझ में आई। वह अपने कार्य और नियंत्रण क्षेत्र के भीतर ही काम करने के लिए प्रशिक्षित था, उसके बाहर नहीं, जहाँ उसे पूरी तरह प्रभाव और बातचीत के कौशल से काम लेने की जरूरत थी। परंतु बिल्डिंग एसोसिएशन के अध्यक्ष के रूप में उसे पद और अधिकार के बिना काम करने की सीख मिल सकती थी। उसे संसाधनों पर नियंत्रण के बिना अपना काम करना था, लेकिन इसके लिए उसके पास धैर्य की कमी थी।

यही कारण है कि सफल व्यावसायिक लीडर प्रायः राजनीति या सार्वजनिक जीवन में सफल नहीं हो पाते। वे अपने नियंत्रण क्षेत्र से बाहर जाकर काम करना ही नहीं जानते।

संदर्भ

1. बियॉण्ड अथॉरिटी : लीडरशिप इन ए चेंजिंग वर्ल्ड, जूलिया मिडलेटन, पालग्रेव मैकमिलन, 2007
2. हू रियली मैटर्स, ऑर्ट क्लीनर, करेंसी डबलडे, 2003

□

खंड : IV

लोगों से काम लेने की दुनिया

11

वास्तुविद् और अभियंता

कल्पना और क्रियान्वयन

इस अंतिम खंड में 'काम (स्वयं करने की बजाय) करवाने की दुनिया' पर विस्तार से चर्चा की गई है। काम को स्वयं करने और दूसरे लोगों से कराने में एक महत्त्वपूर्ण अंतर है। मैंने ऐसे कई वरिष्ठ एक्जिक्यूटिव देखे हैं, जो अपने अधीनस्थों से काम करवाकर उन्हें सीखने का मौका देने की बजाय स्वयं काम कर लेते हैं।

ज्ञान या कुशलता और कार्य में वही संबंध है जो कथनी और करनी में होता है। किसी लीडर के कार्य के दो आयाम होते हैं। पहले आयाम में उसे एक वास्तुकार की भूमिका में स्वयं कार्य करना पड़ता है और दूसरे आयाम में वह एक इंजीनियर या अभियंता की भूमिका में पहुँच जाता है। उच्च स्तर पर सफलता के लिए दूसरा आयाम ज्यादा महत्त्वपूर्ण है, जबकि अभियंता की भूमिका का महत्त्व कनिष्ठ स्तर पर ज्यादा होता है।

वास्तुकार की भूमिका : दिलीप की कहानी

इस आयाम में लीडर अपने ज्ञान और अनुभव के आधार पर एक योजना या रूपरेखा बनाता है। इसमें उसे उन चीजों को देखना पड़ता है जो सुनाई नहीं देती और उन स्थितियों पर विचार करना होता है, जो दिखाई नहीं देतीं। इस प्रकार इसमें लीडर की दूरदृष्टि महत्त्वपूर्ण है। अपने दूरदृष्टि से वह कल्पना करता है कि निकट भविष्य

में कैसी स्थितियाँ होंगी, या अगले तीन दशकों में कंपनी का क्या स्वरूप होगा।

शीर्ष स्तर के लीडर में इतनी दूरदृष्टि होनी चाहिए कि वह भविष्य की रूपरेखा तैयार कर सके और अपनी परिकल्पना से अपनी टीम को अवगत करा सके। अपनी इसी कुशलता से वह अपनी टीम के लोगों में ऊर्जा डाल पाता है, जिससे वे बड़े लक्ष्य तक पहुँचने में सफल होते हैं।

दिलीप एक वरिष्ठ बिजनेस लीडर था। वह बहुत प्रतिभाशाली था। उसके पास इंजीनियरिंग के साथ-साथ मैनेजमेंट की डिग्री भी थी। स्वभाव से वह बहुत जिज्ञासु था। वह हमेशा नई-नई चीजों के बारे में सीखने और संभावित समस्याओं के हल निकालने की कोशिश करता था।

उसने जानी-मानी इंजीनियिरिंग कंपनी से अपना कैरियर शुरू किया। वहाँ उसने तकनीकी जिज्ञासा के साथ-साथ अपनी वाणिज्यिक वृत्ति भी प्रदर्शित की। किसी युवा मैनेजर में इन दोनों पहलुओं का समन्वय आसानी से ध्यान आकर्षित कर लेता है। कंपनी के सी.ई.ओ. ने उसे अपना वैयक्तिक सहायक नियुक्त कर लिया।

दिलीप बहुत खुश था। उसे बहुत अच्छा लग रहा था कि सी.ई.ओ. ने उसे अपना निजी सहायक नियुक्त किया है। इसके दो कारण थे—पहला कारण उसने अपने वरिष्ठों का ध्यान आकर्षित कर लिया था, दूसरा कारण यह था कि उसमें अपने वरिष्ठों के साथ काम करने की कुशलता और काबिलियत मौजूद थी। यह सोचकर वह ज्यादा खुश था कि इस भूमिका में काम करते हुए वह चारों ओर के परिवेश को देख-समझ सकेगा।

एक दशक तक उसने सी.ई.ओ. के निजी सहायक के रूप में कार्य किया। अपेक्षा अनुसार उसे व्यापक भूमिका में काम करने का मौका मिला। अपने बॉस के अंतरराष्ट्रीय व्यावसायिक परिचितों के साथ उसकी जान-पहचान हो गई और अपनी कंपनी के शीर्ष स्तर के नेताओं के साथ भी उसका संपर्क बढ़ा। उसने काफी कुछ सीख लिया। कल्पना करने और भावी रूपरेखा तैयार करने की उसकी क्षमता काफी बढ़ गई थी। अब वह व्यवसाय के भविष्य की रूपरेखा स्वयं तैयार करने लगा था।

जिस फर्म में वह काम कर रहा था उसमें काम करने वाला उसका सरपरस्त एक दिन नौकरी छोड़कर चला गया। इसके बाद कई बार नेतृत्व परिवर्तन हुआ। दिलीप भी सोचने लगा कि इस बदले हुए परिवेश में वह अपने सपने पूरे नहीं कर पाएगा।

एक अन्य फर्म न्यूको (Newco) के प्रबंध निदेशक से उसकी जान-पहचान

हो गई थी। दिलीप ने उनके वैयक्तिक सहायक के रूप में काम करने की इच्छा प्रकट की। न्यूको के प्रबंध निदेशक ने यह प्रस्ताव स्वीकार कर लिया और दिलीप ने नई फर्म ज्वॉइन कर ली।

नई फर्म में शुरू के पाँच वर्ष तक दिलीप ने अपने बॉस के लिए तदर्थ परियोजनाओं पर काम किया। यहाँ जब वह नई भूमिका में अपने-आपको जमाने की कोशिश कर रहा था, तब कुछ लोगों को उससे परेशानी हो रही थी। इससे पहले पुरानी फर्म में उसने एक युवा कर्मचारी के रूप में ज्वॉइन किया था और उसके ऊपर प्रभावशाली अधिकारी का भी हाथ था, लेकिन बॉस के चले जाने से वह कमजोर महसूस करने लगा था।

नई फर्म में अलग बात थी। यहाँ उसने वरिष्ठ स्तर के नेता के रूप में काम शुरू किया था। उसके ऊपर कोई प्रभावशाली हाथ भी नहीं था। वह व्यवसाय के लिए भविष्य की रूपरेखा तैयार करने की अपनी क्षमता के बारे में पूरे विश्वास के साथ बात किया करता था।

न्यूको के प्रबंध निदेशक ने 45 वर्षीय दिलीप को संयुक्त रूप से तैयार की गई रूपरेखा के अनुसार एक इंजीनियरिंग व्यवसाय शुरू करने के काम में लगाया। दिलीप के लंबे कैरियर में यह पहला मौका था जब उसे दूसरों से काम करवाना था। 'काम करवाने की दुनिया' का उसे ज्यादा अनुभव नहीं था।

डेढ़ दशक में दिलीप ने धीरे-धीरे करके वह व्यवसाय खड़ा कर दिया, जिसकी रूपरेखा उसने प्रबंध निदेशक के साथ मिलकर बनाई थी। यह कोई आसान काम नहीं था। उसके साथ काम करने वाले लोग उसकी दूरदृष्टि को मान गए, लेकिन दुर्भाग्य से उसमें व्यवहार कुशलता नहीं थी।

सीधे संबंध न बना पाने के कारण वह लगभग अलग-थलग ही रहता था। जो लोग उसकी राय से सहमत नहीं होते थे, उनकी ओर वह ध्यान नहीं दे पाता था। इससे उसके डिपार्टमेंट में बहुत ह्रास हो रहा था। उसे सब उलझे हुए व्यक्ति के रूप में देखते थे। रूपरेखा तैयार करने में वह बहुत कुशल था, लेकिन उसे कार्यरूप देने की उसकी क्षमता सवालों के घेरे में थी।

अभियंता की भूमिका : फिरोज

इस आयाम में मैनेजर की भूमिका एक इंजीनियर की होती है, जिसमें समस्या या कार्य की पहचान करना, उसके लिए आवश्यक कार्यों का विवरण तैयार करना,

छोटे-छोटे कार्यों का समन्वयन करना और एक निश्चित समय सीमा में कार्य को पूरा करना शामिल है। इसमें कार्य की रूपरेखा यानी वास्तुविद की भूमिका पहले पूरी हो चुकी होती है (देखें बॉक्स 11.1)। आजकल के युवा पता नहीं क्यों इस भूमिका को वास्तुकार की भूमिका की अपेक्षा निम्न स्तर का मानते हैं, जबकि यह सोच गलत है।

इस आयाम में सबकुछ काम करने और करवाने पर निर्भर करता है। इसमें काम करने के तरीके को लेकर मतभेद और खींचतान स्वाभाविक है। ऐसे में इंजीनियर का काम यह होता है कि वह मतभेदों और खींचतान को दूर करके कार्य की गति बनाए रखे।

बॉक्स 11.1 : संकल्पना को साकार करना

सन् 1859 में जन्मे सर दोराब को जीवन में आगे बढ़ने की गति अपने पिता जमशेदजी टाटा से मिली थी। सन् 1904 में मृत्युशैया पर पड़े जगशेदजी ने अपने पुत्र को मैदान में उतारा और अपने सपनों को साकार करते हुए राष्ट्र के हित में ग्रुप की संपदा को बढ़ाने की जिम्मेदारी सौंप दी। 3 जून, 1932 को जर्मनी में सर दोराब का निधन हो गया। उसके बाद उनके बारे में क्या कहा गया?

2 जुलाई, 1932 को प्रकाशित शोक संदेश में नेचर (Nature) ने लिखा था कि 'जमशेदजी की उद्यमी प्रतिभा की परिणति तीन बड़े-बड़े उद्यमों के रूप में हुई—आधुनिक वृहद उद्योगों की स्थापना, भारतीयों को दिशा-निर्देशित करने के लिए इंस्टीट्यूट ऑफ साइंस की स्थापना, लोहा एवं इस्पात उद्योग की स्थापना और विद्युत ऊर्जा के लिए सुदूर स्थित कोयला क्षेत्रों पर निर्भरता को खत्म करते हुए पश्चिमी घाट में वर्षा के जल से मुंबई विद्युत ऊर्जा केंद्र की स्थापना।' सर दोराब की भूमिका 'सर्जक' की अपेक्षा 'समन्वयक' की ज्यादा थी। वे 'अपने पिता के मिशन को ही लेकर आगे बढ़े थे।'

अप्रैल 1932 में भारत छोड़ने से पहले सर दोराब ने लगभग 22,50,000 स्टर्लिंग पाउंड का एक चैरिटेबल ट्रस्ट स्थापित किया था।

लंदन से प्रकाशित 'द टाइम्स ने लिखा था—'भारत में वृहद् पैमाने पर लोहा एवं इस्पात निर्माण की अपने पिता की अवधारणा पर काम करते हुए दोराबजी ने भारत के आर्थिक विकास में महती योगदान के साथ ही विश्वयुद्ध में मित्र देशों की जीत में भी अहम भूमिका निभाई।'

4 जून, 1932 को स्वांसिया (Swansea) से प्रकाशित होने वाले साउथ वेल्स डेली पोस्ट में 'ट्रेनिंग ऑवर कंपटीटर्स : एशियाज टाइम इज कमिंग'

शीर्षक से छपे लेख में लिखा गया था—'भारत में लोहा एवं इस्पात व्यवसाय के प्रमुख सर दोराबजी के निधन से एक युगों पुरानी समस्या ताजी हो गई कि क्या भारतीय साम्राज्य में एक प्रतिस्पर्धी उद्योग शुरू करने में सहयोग दिया जाना बुद्धिमत्तापूर्ण था?'

सन् 1959 में दोराब की जन्मशती पर मुंबई के फ्री प्रेस जर्नल ने लिखा था- 'आज जिस उत्साह के साथ दोराबजी की जन्मशती मनाई जा रही है, उसमें उत्साह से कहीं ज्यादा जज्बात काम कर रहा है। उनका 'विश्वप्रेम अद्वितीय है।' धन के सदुपयोग का सबसे सुंदर उदाहरण है रॉकफेलर्स, फोर्ड्स और कार्नेगी। सर दोराब ने यही ज्योति प्रज्वलित की है उसे जलाए रखना है।'

इतिहास में देखा जाए तो अपने पिता की अभिदृष्टि पर काम करते हुए दोराबजी ने जो कार्यकुशलता दिखाई, वह अपने आपमें अद्वितीय है। जैसा नेचर ने लिखा था, 'सर दोराब स्वयं को अपने घराने का अंतिम स्तंभ मानते थे, क्योंकि उनके निधन के साथ ही उस परिवार का अंत हो गया, जिसने भारत में औद्योगिक पुनर्जागरण में महत्त्वपूर्ण भूमिका अदा की थी।'

फिरोज एक अच्छा इंजीनियर था। इंजीनियरिंग के साथ-साथ उसने मैनेजमेंट की पढ़ाई भी की थी। वह अपना टेक्नीकल कैरियर नहीं छोड़ना चाहता था। उसने एक इंजीनियरिंग कंपनी में काम शुरू किया।

फिरोज एक इंजीनियर परिवार से था, जिसमें उसके पिता और चाचा दोनों इंजीनियर थे। उसका बड़ा भाई किसी अन्य फर्म में प्रौद्योगिकी विशेषज्ञ था। इस प्रकार घर के माहौल के अनुसार फिरोज को मैनेजमेंट के बजाय इंजीनियरिंग में कैरियर बनाना था। फिरोज अपनी इस पृष्ठभूमि को बिलकुल नहीं छोड़ना चाहता था, जैसा उस समय उसके कई समकक्षी बैंकिंग या मार्केटिंग में कर रहे थे।

फिरोज ने लोगों के साथ शॉप फ्लोर में काम करने का प्रस्ताव रखा। उसे टूल रूम और असेंबली शॉप जैसे डिपार्टमेंट की जिम्मेदारी सौंपी गई, जिसमें समय-समय पर तकनीकी समस्याएँ पैदा होती थीं। फिरोज समस्याओं का सामना करने के लिए तैयार था। अपने सहकर्मियों के साथ वह समस्या का हल निकालने के लिए हमेशा तैयार रहता था।

फिरोज अकेला नहीं था। उसके सहकर्मी उसे पसंद करते थे, क्योंकि वह किसी भी समस्या को अनसुलझा नहीं छोड़ता था। वह अपने सहकर्मियों का मार्गदर्शन करता, उनके साथ मिलकर काम करता और सफलता मिलने पर उनके

साथ जश्न भी मनाता था। उसके अधीनस्थ उसे बहुत खुले विचारों का समझते थे। वे उसके बाद खुलकर बातचीत कर सकते थे। कंपनी में फिरोज ने बहुत तेजी से तरक्की की, लेकिन उसने अपनी टीम से दूरी नहीं बनाई। 'ये मेरे लड़के हैं' -वह गर्व के साथ कहता था।

फिरोज वर्तमान को सबसे ज्यादा महत्त्व देता था। भविष्य के बारे में वह बहुत ज्यादा रूपरेखा नहीं बनाता था। उसके मन में भविष्य को लेकर बातें तो आती होंगी, लेकिन उसने उन पर कभी ज्यादा सोच-विचार नहीं किया। उसके अधीनस्थ उसे किसी अभिदृष्टि वगैरह से जोड़कर नहीं देखते थे।

कई वर्षों के बाद कंपनी में एक प्रमुख के चयन का समय आया तो यह चर्चा उठी कि क्या फिरोज में इस भूमिका के लिए आवश्यक अभिदृष्टि है। उसे इस भूमिका में आने का मौका मिला। हालाँकि लोगों की यह सोच तो बना ही रहा कि फिरोज चिंतक कम और कर्ता ज्यादा है।

माफा सिंड्रोम (MAFA Syndrome)

आई.सी.आई.सी.आई. (ICICI) के पूर्व चेयरमैन एन. वघुल के सहकर्मी उनकी एक मजाकपूर्ण टिप्पणी याद करते हैं, जिसे वे 'माफा सिंड्रोम' (MAFA Syndrome) कहते थे। कई महत्त्वपूर्ण मैनेजमेंट मामले का यह एक मजेदार पहलू है। मैनेजमेंट के क्षेत्र में आजकल बड़ी-बड़ी बातें खूब हो रही हैं।

किसी व्यक्ति में अच्छे चिंतक, अच्छे अनुमानकर्ता और अच्छे कार्यकर्ता के गुण एक साथ मौजूद हों तो वह व्यक्ति बहुत जल्दी और आसानी से शीर्ष पर पहुँच सकता है।

परंतु ज्यादातर लोगों के प्रदर्शन में भिन्नता पाई जाती है। किसी एक को दूसरे से कैसे अलग किया जाए? उदाहरण के लिए, दिलीप का इंजीनियरिंग कौशल कमजोर था, जबकि वास्तुकार की भूमिका में वह काफी अच्छा था। फिरोज के साथ इसका उलटा था। ध्यान रहे कि यह सब एक धारणा मात्र है।

पॉवर प्वाइंट के आ जाने से अनुमान और भावी रूपरेखा बनाने की क्षमता बढ़ी है। पॉवर प्वाइंट चार्ट के माध्यम से सामान्य योजनाओं को भी प्रभावी पैकेज में बदला जा सकता है। कंसल्टेंसी फर्मों ने इस कौशल को इतना विकसित कर लिया है कि वे एक साथ सौ-सौ चार्ट लेकर पहुँच जाती हैं जो उनके चार्ट डिपार्टमेंट के विशेषज्ञों ने तैयार किए हैं। दिलचस्प तो यह है कि जब वे सौ-के-सौ चार्ट क्लाइंट

के पास छोड़ते हुए यह कहती हैं कि इसमें 'तीसरा, ग्यारहवाँ और उन्तालीसवाँ चार्ट ही वास्तव में महत्त्वपूर्ण है।'

प्रेजेंटेशन आधुनिक मैनेजमेंट का अभिशाप बन गया है। आजकल के मैनेजर पॉवर प्वाइंट चार्ट और लैपटॉप के बिना काम ही नहीं कर सकते। किसी व्यावसायिक विषय को चर्चा के लिए सामने रखना और सर्वोत्तम निष्कर्ष निकालने के लिए उस पर सभी उपस्थित लोगों की राय लेना—चर्चा का पुराना तरीका तेजी से लुप्त होता जा रहा है। दस वर्षों के भीतर गरीबी दूर करने के लिए भारत क्या कर सकता है? मुझे याद है इस विषय पर अपने शोध व अध्ययन के आधार पर एक कंसल्टिंग कंपनी ने मंत्रिमंडल के समक्ष सुंदर प्रेजेंटेशन रखा था। एक घंटे के इस प्रेजेंटेशन में अनुमान, अभिदृष्टि और विश्लेषण का शानदार समन्वय था। अंत में प्रधानमंत्री वाजपेयी ने हिंदी में बोलते हुए कहा—'यह सब तो ठीक है, लेकिन ऐसी योजनाओं को हम कार्यरूप कैसे देंगे?' और बस, प्रेजेंटेशन की बात यहीं खत्म हो गई।

वास्तुकार और अभियंता की सोच

माफा सिंड्रोम (MAFA Syndrome) से सतर्क रहने के साथ-साथ यह देखना भी उतना ही जरूरी है कि कार्य करवाने की दुनिया में वास्तुकार और अभियंता दोनों की भूमिकाएँ महत्त्वपूर्ण हैं। दोनों की सोच क्या है?

अपनी एक पुस्तक में डेनियल पिंक ने भावी नेताओं की सोच में आने वाले बदलाव की रूपरेखा प्रस्तुत की है।

पिंक के अनुसार, तीन कारक ऐसे हैं जो एक बड़े बदलाव की रूपरेखा तैयार कर रहे हैं। ये जाने-पहचाने कारक हैं और इन पर काफी कुछ बोला—लिखा भी जा चुका है।

पहला कारक है, पाश्चात्य देशों में सुख-सुविधाओं की भरपूर उपलब्धता। उपभोक्ताओं के पास वह सबकुछ उपलब्ध है, जो वे चाहते हैं। अब धीरे-धीरे वे भौतिक सुख-सुविधाओं की चाह छोड़कर जीवन के अर्थ को समझने की ओर आगे बढ़ रहे हैं।

दूसरा कारक है एशिया का अभ्युदय, जहाँ ज्ञान और खुशहाली की जबरदस्त चाह लिए बड़ी युवा जनसंख्या रहती है। वह अपना जीवन सँवारने के लिए कुछ भी करने को तैयार है और वह भी पश्चिम के अपने समकक्षियों की अपेक्षा बहुत कम लागत में।

तीसरा कारक है ऑटोमेशन तकनीक का आगमन। आज हर तरह की जानकारी आसानी से उपलब्ध है, जिसके चलते कार्य का मूल स्वरूप ही बदल गया है।

बदलाव के इन कारकों का विवरण देने के बाद पिंक 'युग विकास' में एक 'टेक्टॉनिक शिफ्ट' के बारे में बताते हैं, जो निकट भविष्य में सामने आनेवाला है। कृषि युग के बाद हमने औद्योगिक युग देखा और वर्तमान में हम सूचना प्रौद्योगिकी के युग में जी रहे हैं। पिंक के अनुसार अब मानव समाज 'अवधारणात्मक युग' की ओर बढ़ रहा है।

अवधारणात्मक युग में चिंतन का पहलू मस्तिष्क के वाम संकाय से खिसककर दक्षिण संकाय पर चला जाएगा। इससे उनका सापेक्ष महत्त्व भी बदल जाएगा, लेकिन दोनों संकायों का महत्त्व बना रहेगा। ज्यादातर मैनेजर मस्तिष्क के वाम संकाय से काम लेते हैं—विश्लेषण, तर्क आदि।

तो मस्तिष्क का दक्षिण संकाय क्या काम करता है? यह संकाय तर्क और विश्लेषण की बजाय अनुभूति और समानुभूति के आधार पर काम करता है। मस्तिष्क के दक्षिण संकाय से काम लेने वाले लोग कहानी, नाटक, गीत, सौंदर्य और कलाकृतियों से ज्यादा प्रभावित होते हैं। पिंक ने अपनी पुस्तक में इसका विस्तार से वर्णन किया है।

हॉवर्ड गार्डनर विभिन्न विशेषताओं वाले मानव मन के अच्छे जानकार हैं।[2] सन् 2007 में उनके शोधपत्रों के पुनरीक्षण में मैंने लिखा था :[3]

सन् 1993 में प्रकाशित 'मल्टीपल इंटेलिजेंसेज' में गार्डनर ने अपने मल्टीपल इंटेलिजेंस (MI) यानी बहुआयामी बुद्धि के सिद्धांत का प्रतिपादन किया था, जिसमें सात स्वायत्त बुद्धि का समावेश है। उनमें से पाँच तो सहज वृत्ति पर आधारित हैं—जैसे तर्क, समानुभूति और संगीत आदि। दो अन्य का स्वरूप अंतरव्यावहारिक है, जिनके बारे में गार्डनर बताते हैं कि 'इन्हें समझना और पढ़ना आसान नहीं है, लेकिन ये महत्त्वपूर्ण हैं।'

गार्डनर के अनुसार, ज्ञान या बुद्धि के ये सातों स्वरूप भाववाचक हैं और व्यवहारिक दुनिया के मैनेजरों के लिए इनका महत्त्व सीमित है। परंतु अपनी अद्यतन पुस्तक में गार्डनर ने इन सातों भाववाचक भागों को एक में पिरो दिया है। भविष्य के पाँच ज्ञान या मन में तीन सहज ज्ञान संबंधी हैं—अनुशासनात्मक, समन्वयात्मक, रचनात्मक; जबकि दो अन्य हमारे मानवीय संबंधों से संबंधित हैं—सम्मान और नैतिकता।

'फाइव माइंड्स फॉर द फ्यूचर' में कई अनुच्छेद ऐसे हैं जो पाठक को बार-

बार पढ़ने को विवश कर देते हैं। उदाहरण के लिए, 'हृदय की शल्य चिकित्सा में लगी टीम के अध्ययन में एमी एडमंडसॅन और उनके सहकर्मियों ने लिखा है कि 'टीम वर्क की सफलता टीम के नेता के तकनीकी कौशल की बजाय उसकी प्रबंधकीय कुशलता पर ज्यादा निर्भर करती है।' एक अन्य उदाहरण 'उत्कृष्ट नैतिक परिवेश कार्यस्थल और आस-पास के माहौल को प्रभावित करता है। मैंने दूसरे लोगों से क्या ग्रहण किया, खासकर ऐसे लोगों से जिनके पास मुझसे कम संसाधन हैं?'

याद रखे जा सकने वाले तथ्यों व आँकड़ों से दुनिया के बारे में अलग सोच को अनुशासन के रूप में परिभाषित किया जाता है। गार्डनर के अनुसार, तथ्य उपयोगी तो होते हैं, लेकिन उनका प्रयोग जरूरी है। जैसा प्लेटो ने कहा था—'शिक्षा के माध्यम से हमें छात्रों की शिक्षा और सीखने की प्रक्रिया को रुचिकर बनाने की जरूरत है।'

मैनेजमेंट के अन्य जानकारों की तरह गार्डनर ने भी सूचना प्रौद्योगिकी के युग की बढ़ती जटिलता और विभिन्न स्रोतों से उपलब्ध सूचना को एक साथ पिरोने की आवश्यकता की ओर संकेत किया है। समन्वय का काम थोड़ा कठिन है, क्योंकि मनुष्य स्वभाव से प्राय: वही सीखना चाहता है, जिसकी उसे वर्तमान संदर्भ में जरूरत होती है। हम अपने लिए अनुकूल स्थान पर ही आसानी से अपना काम कर पाते हैं। यही कारण है कि एक सफल मैनेजर जब एक उद्योग क्षेत्र को छोड़कर दूसरे उद्योग क्षेत्र में जाता है तो उसे अपने ज्ञान के स्थानांतरण में कठिनाई महसूस होती है। इसके लिए रचनात्मकता की जरूरत होती है। गार्डनर ने जिसे सृजनात्मक मस्तिष्क कहा है, वह उम्रदराज लोगों की अपेक्षा युवाओं में ज्यादा देखा जाता है। हम विज्ञान में देखते हैं कि युवा कार्यकर्ता ज्यादा आसानी से सफलता प्राप्त कर लेते हैं और उम्रदराज कार्यकर्ता समन्वय में ही लगे रहते हैं। इसका कारण यह है कि उम्रदराज लोग अपने पुराने अनुभव और तौर-तरीकों में पहले ही पक चुके होते हैं। जैसा फ्रायड (Freud) ने एक बार कहा था, 'जब मैं युवा था, तब मेरे मन में तरह-तरह के (रचनात्मक) विचार स्वयं आते रहते थे, अब मेरी उम्र बढ़ रही है तो मुझे स्वयं मन में विचार लाने पड़ते हैं।'

दोनों अंतर्व्यावहारिक मन में एक सहिष्णु मन है, जो मानवीय संबंधों के सम्मान पर बल देता है। गार्डनर के अनुसार सहिष्णुता प्रदर्शित करने का अर्थ है, मतभेदों को स्वीकार करना, उनके साथ जीना और उन लोगों की परंपराओं व रीति-

रिवाजों का सम्मान करना, जो हमसे भिन्न हैं।

यह अमेरिका जैसे बहुसांस्कृतिक समाज में देखने को मिलता है। भारत तो इसका एक शानदार उदाहरण है—विविधता में एकता इसकी पहचान है।

संस्कृत शब्द 'स्वीकृति' का शाब्दिक अर्थ 'मानना' है यानी वर्गो-समुदायों में तुलना या भेद न करते हुए सभी को बराबर मानना। अपनी इसी विशेषता के बल पर भारत ईसाइयों, यहूदियों, पारसियों और मुसलिमों की परंपराओं को स्वीकार कर सका है।

नैतिक मन ऐसे प्रश्नों के उत्तर पर बल देता है, जैसे 'मेरे समुदाय का सदस्य होने का क्या अर्थ है?' मेरे अपने अनुभव के अनुसार मैनेजरों के लिए ऐसे संगठन या संस्थान में उत्कृष्ठ कार्य करना आसान होता है, जो अच्छे कार्य करने पर बल देते हैं।

उदाहरण के लिए, टाटा का अनंतिम स्वामित्व चैरिटेबल ट्रस्टों के पास है। ग्रुप का एक संगठन है—टाटा रिलीफ कमेटी (टाटा राहत समिति)। यह समिति सामान्य परिस्थितियों में कार्य नहीं करती। राष्ट्रीय आपदा (उदाहरण के लिए सन् 1969 में कोयना में आया भूकंप या सन् 2005 में एशिया में सुनामी का कहर) के समय टाटा राहत समिति की बैठक होती है। यह टाटा के कर्मचारियों और कंपनियों से धन जुटाती है और सरकार या सरकारी संगठनों के साथ मिलकर राहत कार्य करती है; जैसे—पीड़ितों के लिए भोजन या उसके लिए घर बनवाना।

टाटा ग्रुप स्वयं अच्छे कार्य पर बल देता है, इसीलिए इसके मैनेजर भी अच्छाई पर चलने वाले होते हैं।

मस्तिष्क का वाम और दक्षिण संकाय

यह एक वैज्ञानिक तथ्य है कि एक बार में हमारे मस्तिष्क का एक ही संकाय काम करता है, दूसरा संकाय खाली रहता है। हमारे कार्य व निर्णय का स्वरूप इस बात पर निर्भर करता है कि उस समय मस्तिष्क का कौन सा संकाय सक्रिय है।

इस प्रकार हमें हमेशा याद रखना चाहिए कि हमारे मस्तिष्क के दो संकाय हैं और दोनों के अलग-अलग कार्य हैं। ऐसे में हम सिर्फ इतना कर सकते हैं कि ऐसी आदतें और कौशल विकसित करें, जिससे मस्तिष्क के ये दोनों संकाय स्वतंत्र रूप से अपना-अपना कार्य कर सकें।

उदाहरण के लिए, हम अपने यहाँ नियुक्त कर्मचारियों में विविधता पर बल दे

सकते हैं, ताकि अलग-अलग तरह के दृष्टिबिंदु मिल सकें। कई भारतीय व्यावसायिक समूह बेहतर प्रबंधन संस्थानों के छात्रों को ज्यादा पसंद करते हैं, जो ज्यादातर इंजीनियर होते हैं। क्या भाषा या सामाजिक विज्ञान की दुनिया से आने वाले अभ्यर्थियों को नियुक्त करके कंपनी को कोई फायदा होनेवाला है? अगर कोई फायदा होने वाला भी है तो वह भविष्य की बात होगी।

इसका सीधा सा निष्कर्ष यह निकलता है कि अगर आपका इंजीनियरिंग का आयाम ठीक से विकसित नहीं है, यानी आप एक अच्छे कर्ता नहीं हैं तो आपको अपना व्यावसायिक कैरियर आगे बढ़ाने में कठिनाई आएगी। कार्य या क्रियान्वयन कुशलता वरिष्ठ प्रबंधन की दुनिया में पहुँचने का प्रवेश टिकट है। उसके बाद अगर आप वास्तुकार का कौशल दिखा सकते हैं तो आपको बहुत काम का व्यक्ति माना जाएगा।

एक सफल कार्य-मूलक मैनेजर बनने के लिए आपको यह समझना होगा कि क्रियान्वयन एक ऐसा अनुशासन है जिसे सिखाया नहीं जाता, आप इसे स्वयं ही सीखते हैं।[4] यह किसी कंपनी के लीडर की मूल भूमिका होनी चाहिए या कहें कि संगठन की संस्कृति का एक अभिन्न हिस्सा होना चाहिए। कार्य-क्रियान्वयन एक चुनौती है, जिसमें तीन प्रक्रियाएँ होती हैं—मानव संसाधन से संबंधित प्रक्रिया, रणनीतिक प्रक्रिया और कार्य-संचालन प्रक्रिया।

मानव संसाधन से संबंधित प्रक्रिया में कार्यकर्ताओं को जानना-समझना और उनकी काबिलियत के अनुसार उनका चुनाव करना शामिल है। रणनीतिक प्रक्रिया में कार्य-योजना की दिशा व लक्ष्य निश्चित करना और सभी को उसकी ओर आगे बढ़ते रहने के लिए प्रोत्साहित करना शामिल है। कार्य-संचालन प्रक्रिया में कार्य का नियमित पुनरीक्षण होना चाहिए। इसमें पूछताछ की बजाय समस्या या प्रश्न पर विचार-विमर्श करके उसका हल निकाला जाना चाहिए।

बॉक्स 11.2 : बुनियादी संदेश

1. नेता की दो महत्त्वपूर्ण भूमिकाएँ हैं—वास्तुकार और अभियंता की भूमिका।
2. कैरियर की शुरुआत में अभियंता की भूमिका ज्यादा महत्त्वपूर्ण है। बाद में वास्तुकार की भूमिका का महत्त्व बढ़ जाता है।
3. सामान्य तौर पर देखें तो सफल होने के लिए एक 'वास्तुकार' में एक अच्छा 'अभियंता' छिपा होना चाहिए, लेकिन हर अभियंता वास्तुकार नहीं हो सकता।

4. अनुमान या रूपरेखा को कार्यरूप समझने की भूल नहीं करना चाहिए।
5. मस्तिष्क के वाम और दक्षिण संकाय—यानी विश्लेषण एवं समन्वयन का कार्य इसके लिए महत्त्वपूर्ण होते हैं।

संदर्भ

1. ए होल न्यू माइंड, डेनियल एच. पिंक, मार्शल कैवेंडिश बिजनेस, 2008
2. फाइव माइंड्स फॉर द फ्यूचर, हावर्ड गार्डनर, एच.बी.एस. प्रेस, 2007
3. 'एन. एपीटाइट फॉर एफेक्टिवनेस,' आर. गोपालकृष्णन, स्ट्रेटेजी बिजनेस विंटर, 2007
4. एक्जिक्यूटिव, लारी बोसिडी, एवं राम चरण, क्राउन बिजनेस, 2002

□

12

रूपांतरणकर्ता (ट्रांसफॉर्मर)

स्नेह भरा नेतृत्व

''उत्कृष्ट मस्तिष्क वह होता है जो दो परस्पर विरोधी विचारों को एक साथ लेकर चल सके और सामान्य गति से काम भी करता रहे।''

—एफ. स्कॉट फिट्जेराल्ड

पिछली अर्द्धशताब्दी में जनता और राजनेताओं के संबंधों में नाटकीय बदलाव आया है। द्वितीय विश्वयुद्ध के बाद ब्रिटेन के प्रधानमंत्री रहे क्लीमेंट एटली को संत की तरह बनने और दिखने की जरूरत थी। जब उनसे पूछा गया कि क्या आप जनता से कुछ कहना चाहेंगे, तो उन्होंने 'नहीं' कह दिया। जब उनके पूर्व प्रतिद्वंद्वी और उत्तराधिकारी प्रधानमंत्री विंस्टन चर्चिल को अपने 'कान जमीन से लगाने को' कहा गया तो उनका जवाब था जनता अपने नेता को जिस ऊँचाई पर देखती है, वहाँ से ऐसा करना अटपटा लगेगा। आज के राजनेता अपनी जनता से जुड़े रहने के लिए उनसे हाथ मिला लेंगे, बातें करेंगे, सबकुछ करेंगे।

नि:संदेह, राजनीति और प्रबंधन में अंतर है; लेकिन यह भी सच है कि दोनों ही सामाजिक व्यवस्था हैं। पिछले कुछ दशकों में 'जनता' और 'शासक' के बीच के संबंध काफी बदल गए हैं। जब मैं अपने चार दशकों के कैरियर पर विचार करता हूँ

तो मुझे लगता है कि प्रबंधन का स्वरूप केंद्रीयकृत और नेतृत्व-मूलक से बदलकर आत्म-प्रेरित, सहकारी और कर्मचारी-मूलक हो गया है।

अतीत में ऐसे एक्जिक्यूटिव आसानी से देखने को मिल जाते हैं, जिनका व्यवहार उच्च स्तर और निम्न स्तर के लोगों के साथ अलग-अलग होता था। ऐसे एक्जिक्यूटिव अपने से उच्च स्तर के लोगों के प्रति विनयशील होते थे, जबकि निम्न स्तर के लोगों के प्रति उनका व्यवहार रूखा होता था। भविष्य में ऐसे नेताओं की सफलता संदेहास्पद लगती है।

हेरॉल्ड गेनीन, अलचेनसाँ डनलप और न्यूट्रान जैक जैसे अमेरिकी उद्योगपतियों ने नेतृत्व का जो तरीका अपनाया था, वह शायद आज न चल सके। सन् 1980 के दशक में एफ.एम.सी. के सी.ई.ओ. रॉबर्ट नुसलॉट (Robert Nuslott) ने कहा था—नेतृत्व का प्रदर्शन पीड़ा देने की क्षमता में निहित होता है।' यह तो तय है कि आज के संदर्भ में ऐसा नहीं कहा जा सकता।

दूसरी ओर विकीपीडिया के संस्थापक जिम्मी वेल्स का कहना है—'आप लोगों को यह नहीं बता सकते कि क्या करना है। जब उपयुक्त लोगों को उपयुक्त तरीके से काम में लगाया गया है तो बहुत ज्यादा दिशा-निर्देश की जरूरत नहीं होती। अब एक नए तरह के नेता का समय आ गया है—ऐसा नेता, जो अपने अहं को छोड़कर मानवीय तरीके से सोचता और करता है।

मानवीय नेतृत्व

दक्षिण अफ्रीका में जब दो लोग मिलते हैं तो वे सावू बोना (Sawu Bona) और सिखोना (Sikhona) कहकर अभिवादन करते हैं। सावू बोना का अर्थ है, 'मैं तुम्हें देखता हूँ और 'सिखोना' का अर्थ है, 'मैं यहाँ हूँ।' कई अन्य समाजों में अभिवादन में भगवान का नाम लिया जाता है, लेकिन दक्षिण अफ्रीका में अभिवादन में व्यक्तिगत अस्तित्व को प्रधानता दी जाती है। जुलू में लोग 'स्प्रिट ऑफ उबूनतू' (Spirit of Ubuntu)बोलते हैं, जिसका अर्थ होता है 'आपसे मैं जिंदा हूँ।'

इनसे एक मनुष्य को मनुष्य की तरह समझने का भाव प्रकट होता है। अब इसकी जरूरत पहले से ज्यादा हो गई है कि कर्मचारी के साथ एक मनुष्य जैसा बरताव करें। जे.आर.डी. टाटा को विश्वभर में एक क्रांतिकारी व्यवसायी के रूप में जाना जाता है। इस अध्याय में मैंने टाटा, खासकर जे.आर.डी., के जीवन और अनुभवों के उदाहरण लिए हैं।

कोई नेता सफल तभी हो सकता है, जब उसमें बदलाव या क्रांति लाने की क्षमता हो। योजना की रूपरेखा तैयार करके उसे कार्यरूप देने की क्षमता हो। इसके लिए उसमें वह क्षमता व कुशलता होनी चाहिए, जिससे वह बदलाव ला सके।

जूलिया मिडलेटन (Julia Middleton) ने नेताओं की तीन श्रेणियाँ बताई हैं।[1]

पहली श्रेणी 'विद्रोही' की है जो अपनी बात कुछ इस तरह रखते हैं कि लोग उन्हें गंभीरता से लेना बंद कर देते हैं, जबकि उनकी राय लेना जरूरी होता है। ऐसे नेता किसी विचार या अवधारणा का विरोध करना तो जानते हैं, लेकिन उसका कोई विकल्प उनके पास नहीं होता। उनके साथी उनकी बातें सुनते तो हैं, लेकिन उनकी नकारात्मक टिप्पणी को कोई गंभीरता से नहीं लेता–'ऐसा मत करो; वैसे इसका कोई व्यवहारिक विकल्प मेरे पास नहीं है।'

दूसरी श्रेणी बुद्धू टाइप के नेताओं की है जिनके पास किसी एक विषय या क्षेत्र की अच्छी जानकारी होती है, लेकिन उसके अलावा वे और कुछ नहीं जानते। ऐसे नेता उन वैज्ञानिकों की तरह होते हैं, जिन्हें किसी कंपनी की बोर्ड मीटिंग में बैठा दिया गया हो। वे तभी बोल पाएँगे जब उनके अपने विषय पर बात हो रही हो अन्यथा वे एक शब्द भी नहीं बोल सकते या फिर उस न्यूरो स्पेशलिस्ट की तरह, जिसे अस्पताल का प्रशासन सँभालने के लिए चेयरमैन बना दिया जाए।

रूपांतरणकर्ता दूसरों का खयाल रखते हैं और उनकी सुनते हैं

तीसरी श्रेणी के नेता 'ट्रांसफॉर्मर यानी रूपांतरण या बदलाव लाने वाले होते हैं। वे इस सोच के साथ काम करते हैं कि परिवर्तन एक विकासशील प्रक्रिया है, जिसकी गति प्राय: धीमी होती है। उनकी राय बिलकुल स्पष्ट होती है और वे दूसरों के विचार भी खुलेपन से ग्रहण करते हैं। ऐसे नेता अपने विरोधियों को समझा लेने की क्षमता रखते हैं तो उन लोगों का सहयोग भी ले लेते हैं जो इनसे सहमत होते हैं। वे दूसरों के विचारों के प्रति संवेदनशील होते हैं और दूसरों के विचारों के साथ सामंजस्य बैठाने के लिए वे अपनी राय को छोड़ने के लिए भी तैयार हो जाते हैं। इस सबके लिए उन्हें दूसरों के सहयोग व साथ की जरूरत होती है, वे अकेले नहीं चल सकते।

बहुत से योग्य लोग ऐसे हैं जो सिर्फ इसलिए अलग–थलग रह जाते हैं कि वे

किसी की राय नहीं लेना चाहते। चार्ल्स द गॉले (Charles de Gaulle) अकसर कहा करते थे कि उन्हें अकेलापन कचोटता है। राष्ट्रपति जिमी कार्टर ने व्हाइट हाउस में अपने कार्यकाल के बारे में लिखी पुस्तक का शीर्षक 'लोनली' (Lonely) रखा है। अकेलापन नेताओं की नियति का एक दुर्भाग्यपूर्ण हिस्सा है, लेकिन अगर नेता दूसरों की बातें सुने और उनसे अपनी बात कहे तो उसका काम काफी आसान हो जाता है।

जे.आर.डी. टाटा ऐसे ही नेताओं में से थे जो दूसरों की बातें सुनते हैं (देखें बॉक्स 12.1)। जब उनसे पूछा गया कि जीवन में आगे बढ़ने की प्रेरणा आपको कहाँ से मिली तो उनका जवाब था—'सच कहूँ तो अगर मैं आर.डी.टाटा का बेटा नहीं होता तो मुझे नहीं लगता कि मैं यह सब कर सकता था'''मैं जानता हूँ कि मेरे सभी सहकर्मियों का अपना-अपना दृष्टिकोण है और कई बार मैं उनसे सहमत नहीं होता। कई बार शायद वे भी मुझसे सहमत नहीं होते।'

बॉक्स 12.1 : सलाहकार नेतृत्व

जे.आर.डी. टाटा ने कहा था—

'मेरे पास मैनेजमेंट का कोई प्रशिक्षण नहीं था लेकिन सन् 1926 में जब मैंने कैरियर की शुरुआत की, तब मैनेजमेंट पर कुछ पुस्तकें लिखी जा रही थीं। अभियांत्रिकी और प्रौद्योगिकी में कोई औपचारिक प्रशिक्षण न होने के कारण प्रशिक्षण प्राप्त लोगों की देखरेख ही प्रबंधन में मेरा एकमात्र योगदान हो सकता था। हर व्यक्ति का अपना काम करने का तरीका होता है। ऐसे में उनकी कुशलता से भरपूर लाभ लेने के लिए जरूरी है कि उन्हें स्वयं अपने अनुसार काम करने दिया जाए और तभी हस्तक्षेप किया जाए जब लगे कि गलती हो रही है। इस प्रकार मेरी भूमिका सिर्फ मानव संसाधन के प्रबंधन और प्रोत्साहन तक ही सीमित थी।

'एक बात का मुझे अफसोस होता है कि मैं एयरलाइंस के अलावा कहीं और मैनेजमेंट में नहीं रहा। चूँकि मेरे पास कोई तकनीकी प्रशिक्षण तो था नहीं, इसलिए मुझे इस मामले में हमेशा विशेषज्ञों की राय लेनी पड़ती थी। कभी-कभी मैं अपने आपको एक ऐसे सिपाही की भूमिका में पाता था जो कभी सैन्य अधिकारी न रहा हो और उसे सेना का जनरल बना दिया जाए। जब कभी मुझे कोई निर्णय लेना होता था तब मैं विशेषज्ञों की राय लेकर यह सुनिश्चित करता था कि मेरा फैसला ठीक है। दूसरी बात, यह भी देखना होता था कि विशेषज्ञ

मेरे फैसले पर पूरे मन से काम कर पाएँगे। टाटा में मैं स्वयं को एक टीम के नेता के रूप में देखता हूँ, जिसे यह देखना होता था कि कहीं उसके निर्णय का टाटा की अन्य कंपनियों या टाटा ग्रुप की एकता पर कोई विपरीत प्रभाव तो नहीं पड़ेगा।'

स्रोत : द ज्वॉय ऑफ एचीवमेंट, आर.एम. लाला, पेंग्विन, 1995

रूपांतरणकर्ता सही ही करते हैं

रूपांतरणकर्ता नेता के गुणों के संदर्भ में स्नेह और सज्जनता की बात करें तो ऐसा लगता है कि ऐसे नेता दुनिया के लिए हद से ज्यादा अच्छे हैं और उनकी प्रभावशीलता इसलिए कम होती है कि वे सीधे स्वभाव के होते हैं। यह सही नहीं है। भला और स्नेही नेता वही करता है जो करना चाहिए। हाँ, उसके कार्य में निष्पक्षता होती है। यह निष्पक्षता उसमें कहाँ से आती है, यह जानना उसके लिए महत्त्वपूर्ण होता है।

टाटा फाइनेंस में धोखाधड़ी एक दुर्भाग्यपूर्ण मामला था, जिसमें नेतृत्व को कड़ाई और निष्पक्षता से पेश आने की जरूरत थी (देखें बॉक्स 12.2)। धोखाधड़ी के शिकार लोग, यानी निवेशक ग्रुप के नेतृत्व से संतुष्ट थे, क्योंकि उसने निवेशकों के हितों की रक्षा के लिए पूरी कड़ाई व निष्पक्षता से काम किया।

बॉक्स 12.2 कालिख से मुक्ति

कोई कॉरपोरेट हाउस उस स्थिति में क्या करेगा जब उसकी किसी कंपनी का प्रबंध निदेशक, जिसे सम्मान और विश्वास से देखा जाता रहा हो, कोई धोखाधड़ी कर दे? क्या वह मामले पर परदा डाल देगा, या फिर निवेशकों को नुकसान से बचाने के लिए आवश्यक कदम उठाते हुए मामले की निष्पक्ष जाँच कराएगा और दोषियों के खिलाफ दंडात्मक कार्यवाही करेगा तथा भविष्य में इस तरह की समस्या से बचने के लिए अपनी कार्य-व्यवस्था में आवश्यक बदलाव करेगा?

जब टाटा फाइनेंस इसी तरह के एक मामले में फँस गया था, उस समय उसने उपरोक्त तरीकों में से दूसरा तरीका अपनाया था। भारत में कॉरपोरेट प्रशासन के लिए नए मानदंड स्थापित किए।

अप्रैल 2001 में टाटा फाइनेंस ने एक राइट्स इश्यू ऑफ प्रीफरेंस शेयर (Rights issue of preference share) जारी किया था। 12 अप्रैल, 2001 को जब शंकर शर्मा नामक किसी व्यक्ति द्वारा लिखा एक पत्र टाटा फाइनेंस के

बोर्ड ऑफ डायरेक्टर्स और सिक्यूरिटीज एंड एक्सचेंज बोर्ड ऑफ इंडिया (सेबी) तथा प्रमुख समाचार-पत्रों के पास पहुँचा। तब तक इश्यू बिक्री के लिए खोल दिया गया था। पत्र में टाटा फाइनेंस और उसके तत्कालीन प्रबंध निदेशक दिलीप पेंडसे के खिलाफ कई आरोप लगाए गए थे। इसमें कहा गया था कि कंपनी में धोखाधड़ी हुई है और जारी किए गए इश्यू के प्रॉस्पेक्ट्स में गलत जानकारी दी गई है।

टाटा संस के जनरल काउंसल भरत वसानी बताते हैं—'अगले ही दिन कंपनी ने समाचार-पत्रों में एक विज्ञापन निकाला, जिसमें कहा गया था कि शंकर शर्मा द्वारा लगाए गए आरोप झूठे हैं।' मि. वसानी और टाटा के अन्य वरिष्ठ एक्जिक्यूटिवों ने पाया कि उनसे बहुत बड़ी गलती हुई है। 'उस पत्र ने हमें सतर्क कर दिया और आगे जाँच से पता चला कि सचमुच कुछ गंभीर अनियमितताएँ हुई हैं'। टाटा संस के फाइनेंस डायरेक्टर इशात हुसैन बताते हैं—

इस पर एक बार तो सब हैरान थे। ऐसे समय टाटा संस के चेयरमैन रतन टाटा ने प्रतिबद्धता दर्शाई कि टाटा आने वाले दिनों में इस मामले को सुलझा लेगा और मामले की तह में जाकर निष्पक्षता से कार्यवाही करेगा।

25 मई, 2001 तक यह बात साफ हो गई कि टाटा फाइनेंस लगभग दिवालिया हो गया है। समस्या का वास्तविक स्वरूप तो स्पष्ट नहीं हो पाया था, लेकिन यह बात सामने आ रही थी कि कंपनी ने अपनी कुछ संबद्ध कंपनियों और सब्सिडियरी कंपनियों को 524 करोड़ रुपए से ज्यादा की राशि इंटरकॉरपोरेट डिपोजिट के रूप में दी है और इस राशि का एक बड़ा हिस्सा स्टॉक मार्केट में लगा हुआ है।

टाटा फाइनेंस के बोर्ड ने मि. पेंडसे के प्रति अपने अविश्वास की घोषणा कर दी और कंपनी तथा उसकी सब्सिडियरी के वित्तीय मामलों की जाँच कराने का निर्णय लिया। टाटा के इस कदम का टाटा फाइनेंस और टाटा की अन्य कंपनियों की साख पर व्यापक प्रभाव पड़ा। मामले को दबाने की बजाय टाटा ने दो तरफा कार्यवाही की। पहली टाटा में निवेश करने वाले निवेशकों के हितों की रक्षा और दूसरी, दोषियों को कटघरे में खड़ा करने के लिए खुली और निष्पक्ष जाँच।

मि. हुसैन बताते हैं—'मि. टाटा ने स्वयं टाटा संस से कहा कि वह कंपनी का साथ दे और उसकी वित्तीय देनदारियों को पूरा करने के लिए आवश्यक वित्त उपलब्ध कराए; बोर्ड ने इसे पूरी तरह से माना।'

यह बात सुनने में तो आसान लगती है, लेकिन इसके लिए काफी रकम की

जरूरत थी। टाटा फाइनेंस द्वारा जमा कराई गई 2,706 करोड़ रुपए की धनराशि में से 875 करोड़ रुपए 4 लाख छोटे-छोटे जमाकर्ताओं के थे।

टाटा संसं और टाटा इंडस्ट्रीज ने 615 करोड़ रुपए की नकदी और कॉरपोरेट गारंटी उपलब्ध करवाई। 25 जुलाई, 2001 को एक सार्वजनिक घोषणा की गई कि धोखाधड़ी के कारण टाटा फाइनेंस आर्थिक संकट में आ गया है, पर टाटा समूह यह सुनिश्चित करेगा कि उसके निवेशकों का पैसा न डूबे।

मि. वसानी बताते हैं—'जमाकर्ताओं के लिए हमने एक विशेष काउंटर लगाया था, जहाँ से वे अपना पैसा ले सकते थे।'

लेकिन यह देखकर हमें आश्चर्य हो रहा था कि बहुत कम लोग अपना पैसा वापस लेने के लिए आ रहे थे। कुछ लोगों ने पैसे निकाले, लेकिन जब लोगों को लगा कि माँगने पर हम उनका सारा पैसा एक ही बार में देने को तैयार हैं तो वह भी बंद हो गया। हम उनका पैसा भी वापस दे रहे थे जिनकी वापसी की अवधि पूरी नहीं हुई थी।' इसके साथ-ही-साथ किशोर चौकर और मि. हुसैन स्वयं लेनदार बैंकों में मिले व उन्हें आश्वस्त किया कि टाटा ग्रुप पूरी तरह से कंपनी के साथ है और वह कंपनी की सभी देनदारियों को निपटाएगा।

मि. वसानी बताते हैं कि इससे पहले कि धोखाधड़ी का मामला सामने आता, टाटा ने स्वयं उसे सार्वजनिक कर दिया। 'हमारी शीर्ष स्तरीय मैनेजमेंट टीम स्वयं आर.बी.आई. के गवर्नर और सेबी के चेयरमैन से मिली और उन्हें सारी स्थिति से अवगत कराया'। अपनी एक टीम और एक जाँचकर्ताओं की एक अन्य टीम के जरिए टाटा फाइनेंस को पता चला कि शेयर बाजार के लेन-देन का इस्तेमाल निजी मुनाफा कमाने के लिए किया जा रहा था और इस प्रकार कंपनी की लागत पर मि. पेंडसे ने खूब पैसा कमाया था। उसे यह भी पता चला कि मि. पेंडसे ने तीन कंपनियों के कई शेयर खरीदे थे—ग्लोबल टेलीसिस्टम्स, डी.एस.क्यू. और वकरंगी सॉफ्टवेयर। कई मामलों में पेंडसे के ही परिवार के लोग, मित्र या उनकी अपनी कंपनियाँ इससे लाभान्वित हुईं भी। जाँच टीम ने पाए गए दस्तावेजों का मूल्यांकन करके एक पत्र तैयार किया। अगस्त के प्रथम सप्ताह में एक जाने-माने अधिवक्ता की न्यायिक सलाह और एक स्वतंत्र चार्टर्ड अकाउंटेंट की रिपोर्ट के आधार पर टाटा फाइनेंस और टाटा इंडस्ट्रीज ने मि. पेंडसे और उनके साथ दोषी पाए गए कर्मचारियों के खिलाफ मुंबई पुलिस की आर्थिक अपराध शाखा में एक प्राथमिकी दर्ज कराई।

मि. हुसैन बताते हैं, लेकिन बात यहीं खत्म नहीं हुई। 'जब मुंबई पुलिस ने

हमारी शिकायत पर क्लोजर रिपोर्ट दर्ज कर दी, तब हम अदालत में पहुँचे'। 'हम अपराधियों को किसी भी तरह बख्शने को तैयार नहीं थे। बॉम्बे हाइकोर्ट ने जाँच का काम सी.बी.आई. के हाथों में सौंपने का फैसला दे दिया। सर्वोच्च न्यायालय में भी कुल छह शिकायतें दर्ज हुई थीं, जिनमें तीन दिल्ली पुलिस के खिलाफ थीं। इसके साथ ही विभिन्न प्रतिभूति कानूनों के उल्लंघन के लिए छह शिकायतें सेबी को दर्ज कराई गई थीं।' दो मामलों में मि. पेंडसे के खिलाफ अपराध-पत्र दाखिल किए गए और उन्हें न्यायिक हिरासत में भेज दिया गया।

मि. हुसैन बताते हैं मि. पेंडसे के कारनामों पर टाटा द्वारा दिखाई गई चुस्ती के बावजूद टाटा ब्रांड की साख शुरू में प्रभावित हुई। 'मैं समझता हूँ कि आम लोगों में यह हैरानी थी कि टाटा ग्रुप में ऐसी बात हुई तो कैसे'। लेकिन टाटा ने नैतिक जिम्मेदारी का निर्वहन करते हुए जो काररवाई की उससे अपने आपको नुकसान से बचा लिया। 'इससे हमारी साख खराब हुई?' यह तो मैं नहीं जानता, लेकिन इतना जरूर है कि इससे हमारी छवि को कुछ समय के लिए जरूर नुकसान पहुँचा।'

सच यह है कि टाटा फाइनेंस ने मामले को सुलझाने में जो सक्रियता दिखाई, उससे टाटा समूह की नैतिकता झलकती है। 'कौन सा उद्योगपति होगा जिसने किसी डूबती कंपनी में सैंकड़ों करोड़ रुपए लगाए होंगे और वह भी इस बात की गारंटी के बिना कि उसका पैसा उसे वापस मिल जाएगा?' मि. वसानी आत्मविश्वास के साथ कहते हैं—'ऐसी प्रतिक्रिया मैंने अपने कैरियर में पहले कहीं नहीं देखी थी।'

मि. वसानी बताते हैं कि मीडिया की विरोधात्मक प्रतिक्रिया एक अलग बात थी। मि. हुसैन को लगा कि मामले की परिस्थितियाँ टाटा की परेशानी का आंशिक कारण रही हैं। 'उस समय लोगों को यह विश्वास नहीं हो रहा था कि कोई अकेला व्यक्ति इतना सबकुछ कर सकता है'। 'षड्यंत्र की संभावना पर तरह-तरह के कयास लगाए जा रहे थे। शुरू में हमारे पास सारे सबूत नहीं थे। यह धोखाधड़ी का एक पेचीदा मामला था पुलिस की जाँच भी प्रत्याशित गति से नहीं चल रही थी, जबकि उसके पास सारे दस्तावेज उपलब्ध थे।'

मि. वसानी के अनुसार 'चेक और बैलेंस के लिए जिम्मेदार कर्मचारी तो सतर्क कर सकते थे, लेकिन वे सब भी चुप रहें।'

इस धोखाधड़ी ने टाटा की कंपनियों में आंतरिक कार्यव्यवस्था को बदलने के लिए पृष्ठभूमि तैयार कर दी। टाटा उद्यमों के मुख्य वित्तीय अधिकारी अब मुंबई

स्थित टाटा हेडक्वार्टर को सीधी रिपोर्टिंग करते हैं और आंतरिक कार्य व्यापार को रोकने के लिए एक लिखित आचार संहिता है। टाटा आचार संहिता का प्रत्यक्ष या अप्रत्यक्ष रूप से उल्लंघन करने वाली गतिविधियों की सूचना देने वाले कर्मचारियों को प्रोत्साहित करने के उद्देश्य से एक विशेष संकेत प्रेषण योजना शुरू की गई है। इसका उद्देश्य 'शंकर शर्मा' जैसे लोगों का साथ देना है, जिसके पत्र ने मि. पेंडसे और उनके कारनामों का परदाफाश किया।

वैसे, ये शंकर शर्मा कौन था? मि. वसानी स्वयं कहते हैं कि 'अभी तक हम उसकी पहचान नहीं कर पाए हैं, लेकिन वह कोई अंदर का व्यक्ति ही हो सकता है। वह दिल से टाटा का हित चाहता था, लेकिन खुलकर सामने नहीं आना चाहता था।'

टाटा ने अपने कार्य से यह प्रदर्शित कर दिया कि टाटा की आचार संहिता का उल्लंघन करनेवाले लोगों को बख्शा नहीं जाएगा और इस मामले में दोषी लोगों के खिलाफ कड़ी कार्यवाही की जाएगी। उसे नौकरी से भी निकाला जा सकता है।

मि. हुसैन को विश्वास है कि टाटा फाइनेंस के घाटे से टाटा कंपनियों का ढाँचा मजबूत हुआ है। 'लेकिन हम पुलिस का काम नहीं कर सकते, बोर्डों को अपनी जिम्मेदारी लेनी होगी। अब हमारी कंपनियों में नियंत्रण मंडलों का उत्तरदायित्व काफी बढ़ गया है।'

टाटा फाइनेंस ने भी अपने आपको सँभाल लिया है। यह कंपनी सन् 2003-04 में फिर से मुनाफे में आ गई और वह घोटाला? मि. वसानी के अनुसार, 'यह भारत के कॉरपोरेट जगत् का एक अनूठा उदाहरण है।'

मैं तो चाहता हूँ कि यह मैनेजमेंट स्कूलों में केस स्टडी का विषय रखा जाए कि किस प्रकार सिर्फ नैतिक व्यवहार किसी ब्रांड की साख व हित की रक्षा कर सकता है।

टाटा फाइनेंस का सबसे ज्यादा व्यवसाय वाहनों की फाइनेंसिंग का था; इसे अप्रैल 2005 में टाटा मोटर्स के साथ मिला दिया गया। उसके बाद यह सुनिश्चित किया गया कि टाटा फाइनेंस के शेयरधारकों को कोई नुकसान न हो। सितंबर 2006 तक टाटा मोटर्स के साथ ही काम चलता रहा, उसके बाद इसे टाटा मोटर्स फाइनेंस के नाम से एक स्वायत्त सब्सिडियरी बना दी गई। यह कंपनी एक गैर-जमा, गैर-बैंकिंग फाइनेंसियल कंपनी के रूप में पंजीकृत है।

इतना ही नहीं, सितंबर 2007 में टाटा कैपिटल की स्थापना के साथ टाटा ने

वित्तीय सेवाओं के क्षेत्र में एक और ठोस कदम रखा है। टाटा संस की पूर्ण स्वामित्व वाली सब्सिडियरी है, टाटा कैपिटल, जिसका पंजीकरण रिजर्व बैंक ऑफ इंडिया में एक 'सिस्टमेटिकली इंपॉर्टेंट नॉन-डिपॉजिट एक्सेप्टिंग एन.बी.एफ.सी.' के रूप में हुआ है। यह कंपनी विभिन्न व्यवसाय क्षेत्रों में रिटेल और संस्थागत ग्राहकों की जरूरतों को पूरा करती है; जैसे—रिटेल एवं कॉरपोरेट फाइनेंस, निवेश बैंकिंग एवं सेवाएँ, प्राइवेट इक्विटी और ग्रामीण वित्त।

(कोड ऑफ ऑनर की अनुमति से उद्धृत, चैरिटेबल नोरोन्हा, वेस्टलैंड, 2009)

रूपांतरणकर्ता द्वारा प्रतिभा को बढ़ावा

बदलाव लाने वाले नेता की एक प्रमुख चुनौती यह होती है कि वह अलग-अलग तरह की विरोधी विचारधाराओं से घिरा होता है। जितने बड़े बदलाव का लक्ष्य वह लेकर चलेगा, विचारधाराओं की विविधता भी उतनी ही ज्यादा होगी। इसलिए तो स्कॉट फिट्जेराल्ड ने कहा था कि उत्कृष्ट मस्तिष्क वह होता है जो एक साथ दो परस्पर विरोधी विचारों को लेकर चल सके और साथ ही अपनी सामान्य गति से काम भी करता रहे।

बदलाव के पक्षधर नेता अपने आस-पास अच्छे लोगों को रखते हैं। अगर वे ऐसा नहीं करेंगे तो उन्हें विचारों की विभिन्नता नहीं मिल पाएगी। अगर विकल्पों में वैकल्पिक अच्छे मार्ग का समावेश न हो तो आप 'सर्वोत्तम' रास्ता कैसे चुन पाएँगे।

जे.आर.डी. टाटा के पास टाटा के नेतृत्व के लिए आवश्यक तकनीकी शिक्षा नहीं थी, जिसे लेकर वह बहुत गंभीर थे। उन्होंने कहा था—

> किसी बड़े ग्रुप को चलाने के लिए मेरे पास कोई औपचारिक प्रशिक्षण नहीं था...मैंने निर्णय लिया कि टाटा की कंपनियों में शीर्ष स्तर के प्रोफेशनल रखे जाएँ, ताकि कंपनी के पास एक प्रोफेशनल मैनेजमेंट हों। इस प्रकार मैं बहुत पहले से इस बात का पक्षधर रहा था कि हर कंपनी के लिए एक स्वतंत्र, प्रोफेशनल मैनेजमेंट होना चाहिए। दूसरे लोग इसकी जरूरत नहीं समझ पाए लेकिन मैंने समझी।

रूपांतरणकर्ताओं के प्रेरक लक्ष्य

जमशेदजी टाटा ने टाटा घराने को देश में एक खास स्थान दिलवाया है। उनके कार्य-व्यवहार से पता चलता है कि बाद के वर्षों में वह बहुत ज्यादा मुनाफेवाले उद्यमों के चक्रव्यूह में नहीं फँसे थे। उनके मन में तो सवाल था कि राष्ट्र की क्या जरूरत है? इस प्रकार वह भारत की जरूरतों को ध्यान में रखकर काम कर रहे थे।

अल्फ्रेड स्लोअन (Alfred Sloan) ने कहा था, 'जनरल मोटर्स के लिए जो अच्छा है, वही अमेरिका के लिए भी अच्छा है।'

जे.आर.डी. की सोच इसके विपरीत थी, 'जो भारत के लिए अच्छा है वही टाटा के लिए अच्छा है।'

मतभेदों की खाई को पाट लेते हैं रूपांतरणकर्ता

दूसरों से विचार-विमर्श करने और उनकी सुनने का मतलब है कि कुछ मतभेद जरूर आएँगे। अगर बॉस कई लोगों से विचार-विमर्श करके अंत में ऐसा मार्ग अपनाता है जो किसी एक के द्वारा सुझाए गए मार्ग से अलग हो, तो वह व्यक्ति उपेक्षा का भाव महसूस करेगा। अनेक विचारों में से कोई एक सर्वोत्तम विचार जब ग्रहण करना हो तो सहकर्मियों में उपेक्षा का भाव तो स्वाभाविक ही है, लेकिन लीडर ऐसे मतभेदों को गाँठ बाँधकर नहीं रखता। वह मतभेदों को पति-पत्नी की रोज की तकरार की तरह भुला देता है।

जे.आर.टी. टाटा और टाटा के एक वरिष्ठ निदेशक ए.डी. श्रॉफ के बीच हुई एक गरमागरम बहस के चलते श्रॉफ के टाटा से निकल जाने की स्थिति पैदा हो गई थी। श्रॉफ ने अपना त्यागपत्र भी दे दिया। तब जे.आर.डी. ने बड़े ही शालीन तरीके से मामले को सुलझाया।[2]

> जे.आर.डी. टाटा ने ए.डी. श्रॉफ को 23 अगस्त, 1951 को एक पत्र लिखा—आपका पत्र पाकर मैं बहुत हैरान और परेशान था। एजेंटों की मीटिंग में उस गरमागरम बहस के दौरान मैंने क्या कहा था, मुझे याद नहीं, लेकिन आपसे मेरी शिकायत सिर्फ इतनी थी कि मेरी बात काटने के लिए आपने जो तर्क दिया था, वह सही नहीं था। इससे आपकी निष्ठा या ईमानदारी पर सवाल उठने जैसी कोई बात पैदा नहीं होती; मुझे तो हैरानी है कि आपने इसे अन्यथा ले लिया। मेरी बात पर नाराजगी

दिखाने का आपको पूरा हक है और उसके लिए मैं दिल से क्षमाप्रार्थी हूँ, लेकिन साथी और सहयोगी अगर इस तरह बात-बात पर साथ छोड़ने को तैयार हो जाएँगे तो जीवन बहुत कठिन हो जाएगा।

आपका नाम मेरी फर्म से जुड़ा है। मैं व्यक्तिगत रूप से फर्म का एक छोटा सा शेयर होल्डर हूँ; मुझे नहीं लगता कि मुझमें और आपमें कोई अंतर है। हम सब एक फर्म लिए काम कर रहे हैं और हमें इसे 'अपनी फर्म' समझना चाहिए।

हमारी समस्या का कारण सिर्फ यह है कि हम दोनों के पास गुस्से की गंदगी भरी है!

रूपांतरणकर्ताओं के मन में समानुभूति

दूसरे की भावनाओं को महसूस कर पाने की क्षमता ही समानुभूति है। हालाँकि ऐसा आसान नहीं है, क्योंकि विभिन्न स्थितियों-परिस्थितियों को देखने का हमारा तरीका और दृष्टिकोण अलग-अलग होता है। यह लगभग हर कंपनी की कहानी है कि एक्जिक्यूटिव प्राय: देर तक ऑफिस में काम करते हैं। कभी-कभी काम की अधिकता के कारण तो कभी-कभी जोनेसेस (Joneses) के साथ बने रहने के लिए।

सन् 1969 में जे.आर.डी. टाटा की 65वीं वर्षगाँठ की पूर्व संध्या पर उनके सेक्रेटरी ने सभी प्रबंध निदेशकों को संबोधित करते हुए कहा था।[3]

> चेयरमैन ने पाया है कि बॉम्बे हाउस की विभिन्न कंपनियों और विभागों में हर शुक्रवार को अपराह्न में दस्तावेजों का भारी-भरकम गट्ठर संस्तुति या कार्यवाही के लिए भेजने की आदत बन गई है। चेयरमैन अधिकारियों की काम निपटाने की इस प्रवृत्ति की प्रशंसा करते हैं, लेकिन वह यह नहीं पसंद करते कि आप सप्ताहांत अपने डेस्क का काम निपटाने में लगा दें! उन्होंने आदेश जारी किया है कि शुक्रवार को अपराह्न एक बजे के बाद उनके पास सिर्फ बहुत आवश्यक दस्तावेज ही भेजे जाएँ अन्यथा उन्हें वापस लौटा दिया जाएगा।

सन् 1944 में जे.आर.डी. एक बार गांधीजी से मिले। उनके साथ दो अन्य

व्यावसायिक नेता भी थे।[4] रिवाज के अनुसार गांधीजी के सेक्रेटरी प्यारे लाल ने मीटिंग का विवरण नोट कर लिया। मीटिंग के बाद जे.आर.डी. सरोजिनी नायडू से मिले तो बोले कि यहाँ तो निजी बातचीत का भी रिकॉर्ड रखा जाता है। सरोजिनी नायडू ने यह बात गांधीजी से कही। गांधीजी ने तुरंत वह नोट फाड़ दिया और जे.आर.डी. को एक पत्र लिखा। इस पर जे.आर.डी. को बहुत अफसोस हुआ। उन्होंने गांधीजी को पत्र लिखा–'मुझे अफसोस है कि मेरी टिप्पणी से आप आहत हुए और इस प्रकार उन उपयोगी बातों का रिकॉर्ड खत्म हो गया, जो मीटिंग के दौरान आपने मुझे बताई थी।'

रूपातंरणकर्ता के मन में मानवीयता

संबंधों को अधिकतम संभव उपयोग में लाने की मंशा से जे.आर.डी. टाटा लोगों के बीच खुली बातचीत के पक्षधर थे। उनके अनुसार लोगों के साथ बने रहने के लिए तीन चीजें जरूरी हैं—बातचीत, ईमानदारी और विश्वास।[5] वह जो कहते थे, उसे स्वयं भी करके दिखाते थे, जैसे कई वर्षों बाद उन्होंने अपने जीवनी लेखक को बताया था—[6]

> जब बहुत सारे लोग एक साथ होते हैं, उस समय मैं आम सहमति पर विश्वास करता हूँ, किंतु इसका यह अर्थ नहीं हुआ कि मैं अपनी राय ही नहीं रखता। इसमें अलग-अलग उद्यमों का नेतृत्व करनेवाले व्यक्तियों की बात आती है। और हर व्यक्ति के साथ मेरा अपना अलग संबंध होता है। मैं व्यक्ति के चरित्र व सिद्धांतों को पूरी छूट देता हूँ। उनके अनुसार स्वयं को ढालना पड़ता है और उसके अनुसार चलते हुए हर व्यक्ति के भीतर की मूल संभाव्यता का लाभ उठाना होता है। जिस समय मैं चेयरमैन बना, उस समय अन्य सब लोग उम्र में मुझसे बड़े थे, शायद इसीलिए मैंने आम सहमति को अपना सिद्धांत बनाया हो। अगर मुझमें कोई खूबी है तो वह यह है कि मैं व्यक्ति के चरित्र व सिद्धांतों को साथ लेकर चलता हूँ। इसके लिए कभी-कभी अपने मन को मारना पड़ता है; पीड़ा तो होती है, लेकिन यह जरूरी है। नेता बनने के लिए मानवीय प्रेम व लगाव जरूरी हैं।

सोचकर आश्चर्य होता है कि इतने बड़े उद्योग समूह का प्रमुख अपने सहकर्मियों की बात मानने के लिए अपने ही मन को दबा दे, जबकि आज हम सहकर्मियों को अपने बॉस के तौर-तरीकों में ढलने की कोशिश करते देख रहे हैं।

मानवीयता के साथ नेतृत्व करने का यही अर्थ है।

संदर्भ

1. बियॉण्ड अथॉरिटी : लीडरशिप इन ए चेंजिंग वर्ल्ड, जूलिया मिडलेटन, पालग्रेव मैकमिलन, 2007
2. ए.डी. श्रॉफ, सुचेता दलाल, पेंग्विन, 2000
3. जे.आर.डी. टाटा लेटर्स, अरविंद मांब्रो, रूपा एंड कंपनी, 2004
4. बियॉण्ड द लास्ट ब्लू माउंटेन, आर.एम. लाला, पेंग्विन, 2003
5. वर्किंग एंड ग्रोइंग टुगेदर, माइकल जॉन मेमोरियल लेक्चर, 1985
6. द ज्वॉय ऑफ एचीवमेंट, आर.एम. लाला, पेंग्विन, 1995

□□□